Rhee Kun Hoo

Tant qu'à vivre 100 ans, autant vivre heureux

Leçons d'une vie bien vécue

FIRST
ÉDITIONS

Publié en 2024 sous le titre *If I'm Going to Live to One Hundred, I Might As well Be Happy,* aux éditions Rider, Ebury Publishing, un département du groupe Penguin Random House.

ISBN : 978-2-412-09427-3
Dépôt légal : mai 2024

Imprimé en France par Normandie Roto Impression s.a.s. (2401693)

Responsable éditoriale : Aline Sibony
Édition : Anne Foubert
Traduction : Emmanuelle Urien
Relecture : Nathalie Reyss
Mise en pages : Istria

Édition First, un département d'Édi8
92, avenue de France
75013 Paris – France
Tel. : 01 44 16 09 00 – Fax : 01 44 16 09 01
Email : firstinfo@efirst.com
Site Internet : www.lisez.com

Sommaire

Rhee Kun Hoo (auteur) est né en 1935, durant l'occupation de la Corée par l'Empire nippon. Après avoir travaillé comme psychiatre et enseigné à l'université Ewha Womans pendant plus de cinquante ans, Rhee a apporté des contributions indispensables dans le domaine des soins de santé mentale en Corée du Sud et est considéré comme un visionnaire. Il a été le premier à introduire un système d'unités ouvertes et le psychodrame comme méthode thérapeutique dans les établissements psychiatriques du pays. Il a également été président de la KNPA (Association coréenne de neuropsychiatrie). Après avoir pris leur retraite, Rhee et son épouse se sont consacrés à l'accompagnement des générations de l'après-guerre, notamment en matière de parentalité, de conseil, de relations interpersonnelles et de coaching de vie après la retraite. Rhee a écrit plus de dix livres à ce jour, dont son premier recueil d'essais, *I Want to Have Fun till the Day I Die*[1] (Galleon, 2013), qui s'est vendu à plus de 800 000 exemplaires en Corée.

Suphil Lee Park (traductrice du coréen en anglais) est poétesse, traductrice et écrivaine bilingue. Elle est née et a grandi en Corée du Sud avant de s'installer aux États-Unis où elle a étudié la littérature anglaise et la poésie à l'Université de New York et à l'Université du Texas à Austin. Elle est l'auteur du

1 *Je veux m'amuser jusqu'au jour de ma mort*, non traduit en français. (Toutes les notes de bas de page sont de la traductrice)

recueil de poésie *Present Tense Complex*, lauréate du Marystina Santiestevan Prize (Conduit Books & Ephemera, 2021), et d'un recueil de poésie à paraître, *Still Life*, couronné par Ilya Kaminsky du Tomaž Šalamun Prize. Elle a également remporté l'*Indiana Review Fiction Prize* et a reçu un prix de fiction du *Writer's Digest*. Ses traductions de la littérature coréenne ont été publiées ou vont l'être dans la *Cincinnati Review*, la *Los Angeles Review* et la *New England Review*, entre autres. Ses propres œuvres sont publiées dans l'*Iowa Review*, la *Kenyon Review* et *Poetry*, notamment. Pour en savoir plus sur elle : https://suphil-lee-park.com/

Prologue

Cette année, j'ai eu quatre-vingt-sept ans. Désormais, n'importe qui peut constater au premier regard que je suis un vieil homme. Quand je marche, mes pas sont lents, laborieux, comme si j'avais tout le temps du monde ; je suis voûté et mes cheveux sont incontestablement blancs.

Il y a huit ans, j'ai glissé en descendant l'escalier et je me suis cogné la tête. Pendant la chute, j'ai cru que c'était la fin. Heureusement, après un mois d'hospitalisation, je me suis remis. Depuis, pourtant, j'ai le sentiment que la mort omniprésente s'est encore rapprochée de moi.

Montaigne a écrit que la connaissance de la mort est une délivrance, mais je continue de trouver la mort étrangère et terrifiante. À présent, toutefois, je sais que la mort est une part inévitable de mon existence, et je vis du mieux que je peux, m'efforçant d'être un peu en paix avec ce destin inéluctable. Chaque matin, les yeux fermés, je me représente de quoi sera faite ma journée et les personnes que je vais croiser. Et, tandis que je m'occupe à passer d'une tâche à l'autre du matin au soir, ma crainte de la mort s'apaise et s'éloigne pour un temps. Ces moments de calme m'inspirent une infinie reconnaissance.

Depuis mon accident, je perds peu à peu la vue du seul œil valide qu'il me reste. Avec l'âge, je compte sur mon ordinateur pour rester connecté au reste du monde : écouter des conférences en ligne, participer à des activités communautaires virtuelles et discuter avec mes amis. Mais, à présent, je suis incapable d'utiliser seul un ordinateur.

Comme j'avais des commandes de manuscrits à honorer, je me suis tourné vers mes petits-enfants : je leur ai demandé d'écrire sous ma dictée et ils ont accepté de bon cœur ce travail à temps partiel. Ces moments passés avec eux m'ont aidé à surmonter le chagrin que j'éprouve à l'idée de devenir aveugle. Voyez-vous, perdre la santé peut être cruel mais, quand on décide de voir les bons côtés malgré la situation, quand on s'y applique vraiment, on trouve toujours des raisons de rester optimiste. Comme l'affirme un vieux proverbe coréen : « Quand on n'a plus de dents, on apprend à mâcher avec ses gencives. » (이가 없으면 잇몸으로 산다)

Quand j'étais jeune, j'étais persuadé qu'à force de travail et de volonté, on pouvait réaliser tous ses rêves. Mais après avoir vécu près d'un siècle, je sais désormais combien notre monde est déraisonnable et absurde. Peu de choses peuvent être obtenues grâce au seul travail, et rien ne survit à l'épreuve du temps. On pourrait en conclure que la vie est bien triste : elle consiste à apprendre toutes les faiblesses de notre être même.

Mais il y a un côté positif à tout cela. La souffrance inhérente à la vie peut être apaisée par les plaisirs les plus anodins. Shin Young Bok, l'incontournable écrivain et activiste coréen, a dit un jour : « Même lorsque vous êtes submergé par un chagrin dévastateur qui vous donne envie de mourir sur place, le mystère profond de la vie fait que ce chagrin peut souvent être apaisé par le plus minuscule des plaisirs imaginables. Pour être supporté et surmonté, un abîme de chagrin n'a pas besoin d'une joie de la même ampleur. »

Bien loin de moi l'idée de me comparer à ce grand auteur qui a passé vingt ans de sa jeunesse en prison, mais c'est exactement ce que je ressens. La joie imprévue du quotidien vécu pleinement permet de noyer les sentiments de perte et d'impuissance qui m'envahissent face à toutes ces années passées. J'affirme donc qu'il faut décider de vivre heureux. La vie ne s'écroule pas tant qu'on garde à portée de main ces petits moments de joie et de rire. Ils ne sont jamais loin.

Depuis la publication, en 2013, de mon premier essai en Corée du Sud, j'ai eu de multiples occasions d'entrer en contact avec mes lecteurs. Nombre d'entre eux ont été intrigués par le fait que j'étais devenu auteur de best-sellers à soixante-dix ans, après ma retraite, et ont manifesté le désir de mieux comprendre l'éthique qui sous-tend mes travaux, à savoir : s'amuser et bien vieillir. L'une des questions que l'on me pose le plus souvent est donc la suivante : « Comment parvenez-vous à vous amuser autant ? » Et ma réponse est toujours la même : « Ai-je dit que je m'amusais ? J'ai dit que je *veux* m'amuser. »

Cher lecteur, ma vie n'a pas vraiment été un long fleuve tranquille. Je me suis usé la santé à travailler jour et nuit au cours de ma jeunesse pour pouvoir joindre les deux bouts, j'ai été obligé de gérer des crises quand je me suis retrouvé en prison et, plus tard, dans l'armée, avec quatre enfants à élever. En tant que psychiatre, j'ai passé l'essentiel de ma vie d'adulte à essayer d'améliorer le tout nouveau système de santé mentale en Corée du Sud, et j'ai dû pour cela relever nombre de défis, petits et grands. Dans l'ensemble, j'ai mené une existence ordinaire, alternant journées banales et revers de la vie. Aujourd'hui que j'ai atteint un âge avancé, je souffre de sept maladies différentes, alors comment pourrais-je m'amuser, me direz-vous ?

Pourtant, j'ai toujours tenté de trouver du plaisir dans n'importe quelle situation et d'en faire un jeu. Je n'ai peut-être pas eu une vie de plaisir dans le sens traditionnel du terme, mais elle a été obstinément consacrée à la recherche du bonheur.

Des lecteurs m'ont demandé comment j'ai réussi pendant si longtemps à m'impliquer dans non pas une, mais plusieurs activités – bénévolat, études, randonnée et écriture – sans être victime de *burn out*. La vérité, c'est que je n'avais pas prévu de faire tout cela à la fois. Sinon, je n'aurais pas tenu longtemps. Je comptais juste m'amuser en pratiquant ces activités aussi longtemps que j'en aurais envie et, de façon ironique, c'est ce qui m'a permis d'éviter le *burn out*. Un grand plaisir, s'il n'est pas mérité, se transforme en grande déception. Mais la joie ordinaire est facile à trouver, et une accumulation de petites joies finit par se transformer en grand bonheur.

Pendant plus de cinquante ans, tandis que je soignais des patients en tant que psychiatre et que je donnais des cours à des étudiants en médecine, je me suis toujours posé cette question : qu'est-ce qui provoque chez nous autant de souffrance psychologique et émotionnelle ? D'après mon expérience, il existe deux causes principales. La première d'entre elles est le regret vis-à-vis des événements du passé, la seconde est l'angoisse que nous inspire l'avenir. Toutes deux sont inévitables, certes, mais l'une comme l'autre doivent être relativisées. Quels que soient les regrets, on ne peut changer le passé et, quelle que soit l'angoisse, on ne peut éviter l'avenir. Le pire, c'est que regrets et angoisses rongent la joie qu'on peut trouver ici et maintenant, dans notre vie présente.

Si, parfois, vous vous réveillez la nuit, plein d'angoisse et de regrets, voyez-y le signe que vous devez accepter votre vie telle qu'elle est. Regrettable ou épanouissante, elle est vôtre. Vous ne pouvez plus réparer les erreurs commises par le passé. N'avez-vous pas fait de votre mieux, après tout ? Il est temps de vous autocongratuler un peu, vous le méritez, et de vous dire que vous n'avez pas failli, que tout va bien. Vous aurez beau vous croire bien préparé, vous ne pourrez échapper au processus inévitable de vieillissement et de perte qui vous attend. Se préparer est important mais, si vous n'apprenez pas à apaiser l'agitation de votre esprit, vous passerez à côté de la joie que vous pouvez trouver dans le présent.

L'inconnu engendre la peur, la connaissance rend courageux. Cela s'applique à la vie dans son ensemble. Plus on parvient à comprendre la vie, plus on est préparé à ce qu'elle nous réserve. Si vous vous trouvez, en ce moment même, dans cette phase d'apprentissage, j'espère que mon livre vous aidera un peu. Et, avec le recul, vous prendrez peut-être conscience, comme je l'ai fait, que vous avez vécu selon des règles qui vous sont propres, que des schémas ont émergé de votre façon de vivre.

Ce qui suit, bien entendu, n'est que mon histoire personnelle, et je ne suis pas là pour généraliser de façon excessive. Je souhaite simplement, cher lecteur, que cet ouvrage devienne pour vous une base qui vous permettra de découvrir vos principes de vie personnels. Car les règles accumulées tout au long de votre existence, propres à chacun d'entre vous, sont les meilleurs outils dont vous disposez pour affronter les aléas de la vie – des outils que vous forgez depuis toujours sans le savoir.

PREMIÈRE PARTIE

LA DURE RÉALITÉ DE L'ÂGE

CHAPITRE 1

Personne n'aime vieillir

Nous divisons généralement la vie en cinq étapes : enfance, adolescence, jeunesse, âge mûr et vieillesse. Chaque transition entre deux étapes crée une inévitable incertitude occasionnant angoisse et souffrance. Aussi avons-nous inventé les fameux « rites de passage » entre chacune de ces étapes, afin d'attester du changement de rôle et d'accepter l'anxiété qui en découle. Par le passé, l'âge de la majorité, les mariages et les obsèques constituaient les principaux mais, aujourd'hui, l'entrée à l'université ou le premier véritable emploi sont sans doute devenus, eux aussi, d'importants rites de passage.

Prenons toutefois le temps de nous demander s'il existe un rite de passage pour les personnes âgées. Personnellement, je n'en connais pas vraiment. Par le passé, les Coréens considéraient le soixantième anniversaire comme une occasion spéciale et le célébraient en grande pompe mais, aujourd'hui, nous passons directement aux soixante-dix ans qui, même lorsque nous les fêtons, demeurent un événement sans grande envergure. Tous ces changements ne nous aident pas à décider à quel âge on est désormais censé être devenu « vieux ». Car, voyez-vous, le concept même de la vieillesse a évolué avec le temps, ce qui provoque chez moi une certaine dissonance cognitive.

J'ai eu autrefois un professeur que j'ai toujours admiré et dont j'étais relativement proche. Après sa retraite, il se rendait régulièrement à l'hôpital universitaire où je travaillais pour des examens de routine. Un jour, j'ai entendu du remue-ménage du côté du bureau des admissions. Sur le moment, je n'y ai guère prêté attention, pensant qu'il s'agissait d'un problème mineur avec un patient mécontent mais, quand des hurlements se sont mis à retentir, je me suis précipité. À mon grand désarroi, j'ai trouvé mon ancien professeur en train de crier sur une réceptionniste. Je l'ai fait entrer dans mon bureau et lui ai demandé ce qui se passait. Il s'est avéré qu'il avait le sentiment que les membres du personnel, qui ne l'avaient absolument pas reconnu, lui manquaient de respect. « Je suis quand même un professeur émérite… »

Bien entendu, une fois qu'on a pris sa retraite et quitté l'établissement où on enseignait, de moins en moins de gens vous reconnaissent. D'une année à l'autre, chaque école change du tout au tout : des élèves partent, de nouveaux arrivent, alors qui se souviendrait d'un professeur, même émérite, quel que soit le respect ou l'estime qu'on lui porte ? Sans compter le fait qu'il ne faisait même pas partie de la faculté de médecine mais dépendait d'un département totalement différent – difficile, dans ces conditions, de rejeter la faute sur le personnel.

Mon ancien professeur devait avoir du mal à accepter ce changement de rôle et de place dans le monde. J'étais déconcerté par le comportement inattendu d'un vénérable érudit que j'admirais également beaucoup en tant qu'être humain. À constater le tribut que payait cet individu admirable, cette situation n'était-elle pas la preuve des indéniables difficultés que soulevait le passage vers la vieillesse ? Ce jour-là, alors qu'approchait l'heure de ma propre retraite, j'ai décidé de m'exercer à vivre comme un vieil homme nommé Rhee Kun Hoo qui serait déchu de ses titres de professeur et de docteur. C'était une forme d'entraînement au grand âge.

J'ai choisi de pratiquer dans le métro. En premier lieu, les passagers étant de parfaits inconnus, je me souciais peu de l'opinion qu'ils auraient de moi. En outre, notre culture coréenne imposant de céder sa place aux personnes âgées, je serais capable de déterminer précisément quel âge les gens me donnaient. Une fois dans la rame, j'ai évité les sièges réservés aux personnes âgées et me suis campé exprès à côté des places ordinaires. Comme je n'étais pas monté à une heure de pointe, peu de voyageurs étaient debout. Balayant les alentours du regard, j'ai constaté que j'étais probablement le plus âgé du wagon. Un jeune homme était assis en face de moi. Je me suis demandé s'il allait se lever et me proposer sa place, comme l'exige la coutume. Mais il n'a pas bougé pendant plusieurs arrêts. Il a même fermé les yeux, comme pour éviter mon regard, ce qui, étrangement, m'a semblé une forme de défi : très bien, voyons combien de temps tu vas tenir !

Cher lecteur, je vais être franc avec vous : jusqu'alors, je n'avais jamais songé à m'approcher de ces sièges destinés aux personnes âgées et aux invalides dans le métro. J'ai toujours considéré qu'ils étaient réservés à ceux qui en avaient vraiment besoin. Je n'ai jamais pensé que mon âge avancé me donnait systématiquement droit à une place assise dans le métro dans la mesure où je ne souffre d'aucun handicap ou de problème physique gênant, et je me suis toujours fait la même réflexion quand des gens m'offraient leur siège – que ce soit à moi ou aux personnes âgées en général, d'ailleurs. Mais, bon sang, maintenant que j'avais décidé de voir comment on allait me traiter en tant que senior, l'attitude de ce jeune homme commençait à me faire monter la moutarde au nez. Pendant tout le trajet, je suis resté planté devant lui, le fusillant du regard.

Ce premier test s'est révélé choquant mais, comme je ne pouvais formuler une opinion sur la base d'une seule expérience, je suis monté dans un autre train. Cette fois, un lycéen s'est aussitôt levé d'un bond : « Grand-père, prenez mon siège, s'il vous plaît. »

Là encore, j'ai été sidéré. Comment ça, « grand-père » ? Et je me suis retrouvé tout aussi agacé qu'avec le jeune homme qui ne m'avait pas offert sa place. D'un ton gêné, j'ai répondu au gamin : « Non, ça va, je descends au prochain arrêt. »

Ensuite, je suis sorti précipitamment de la rame, alors que j'étais loin d'être arrivé à destination. Dans ma barbe, j'ai grommelé : « Quel hypocrite ! Je veux qu'on me traite comme un vieillard, mais je déteste qu'on m'appelle grand-père ! »

Avant ce jour, je m'étais toujours considéré comme quelqu'un de tolérant, qui se fichait comme d'une guigne de l'âge, de la hiérarchie ou de l'autorité. N'avais-je pas toujours été un père libéral, un étudiant sympathique et un médecin modeste ? Et pourtant, voilà que je me mettais en colère parce que de parfaits inconnus ne me manifestaient pas les égards que j'estimais mériter à mon âge. Confronté à cette réalité, j'ai senti le rouge de la honte me monter aux joues. Je n'étais guère différent d'un adolescent qui exige qu'on respecte ses droits mais fuit toute responsabilité – je voulais qu'on me manifeste les égards dus à mon âge avancé mais refusais d'être traité comme un vieillard. Deux poids, deux mesures ! À compter de ce jour, j'ai travaillé sur moi-même pour changer cet état d'esprit. Premièrement, « grand-père » était un titre tout à fait acceptable pour me désigner dans la mesure où j'approchais de la retraite. En Corée du Sud, c'est par ce terme aussi respectueux qu'amical qu'on interpelle les hommes, passé un certain âge. Les gens de notre pays s'adressent généralement les uns aux autres en recourant à leur titre professionnel ou à leur tranche d'âge, en particulier dans les relations formelles. Quiconque est plus jeune que moi m'appellera naturellement « grand-père » ou « docteur ». Apparemment, je faisais preuve d'une résistance inconsciente face à cette tradition. Mais j'aurais beau regimber, cela ne m'empêcherait pas de vieillir, et je n'allais pas me retrouver miraculeusement rajeuni de vingt ans du jour au lendemain. Désormais, tout était affaire d'acceptation. Si je n'assumais pas mon âge, c'est moi qui en pâtirais en premier chef, personne d'autre. Parce qu'après tout, si je n'apprenais pas à accepter de vieillir, je continuerais d'être vexé quand on m'appelle « grand-père ».

Grâce à ces moyens détournés, je suis parvenu à accepter ma vieillesse et à me l'approprier. Et aujourd'hui, avec la sagesse que confère l'expérience, je souris lorsque des jeunes m'offrent leur siège dans le métro. Je n'oublie pas de les remercier. Et quand ils ne me la proposent pas, ça ne me met plus en colère, je me dis juste qu'ils sont épuisés. Cette paix précieuse, cette acceptation, je les ai acquises après cette transition cruciale vers le grand âge.

Dans mon cercle social, de nombreuses personnes semblent avoir connu cette « réaction épidermique » psychologique, pour le meilleur comme pour le pire. Rappelez-vous, cher lecteur, qu'il est parfaitement normal d'éprouver ces colères contradictoires : vous ne voulez pas vous sentir vieux mais, en même temps, vous voulez être traité avec le respect dû à votre âge. Si, un jour, vous vous retrouvez confronté à ces sentiments antonymiques, ne culpabilisez pas : considérez cela comme un rite de passage. Après cela, je vous promets que la vie sera plus paisible.

Diagnostiqué de la maladie de Parkinson à l'âge de quarante-deux ans, le chroniqueur américain Michael Kinsley s'est vu confronté à l'expérience du vieillissement à un rythme beaucoup plus rapide que la plupart des gens. Pendant cette période de changements radicaux, il s'est épanché dans un livre, *Old age : a beginner's guide*[2]. Dans cet ouvrage, Kinsley raconte qu'il allait faire quelques longueurs en piscine chaque matin avant de se rendre au travail. Un jour, il croise un vieil homme près du bassin. Celui-ci s'esclaffe et lui avoue avoir quatre-vingt-dix ans. Kinsley répond : « Incroyable ! Vous ne les faites pas ! » Flatté, l'autre s'exclame en bombant le torse : « Avant, j'étais juge ! »

Kinsley relate alors que, juste après, le juge a changé d'expression, comme s'il prenait brusquement conscience de l'absurdité de sa repartie. Ou comme s'il se rendait compte qu'il venait de se tirer une balle dans le pied. En effet, il avait instillé dans l'esprit de cet inconnu la pensée même qu'il voulait chasser : ce vieux fou a passé l'âge de nager.

Je crois que nous avons tous vécu ce genre de situations gênantes. Bien entendu, je ne fais pas exception à la règle. Quand j'étais jeune, j'appréhendais les longues histoires que mes professeurs racontaient, celles qui commençaient immanquablement par « à l'époque… », mais, aujourd'hui, je constate que je ne suis pas si différent d'eux, après tout ! J'ai toujours fait en sorte de me surveiller quand j'étais en compagnie de jeunes enseignants et collègues. À présent, imaginez une réunion de retraités – un véritable spectacle ! Nos conversations

2 *Vieillesse : guide du débutant.* Non traduit.

tournent autour de notre gloire passée. Et pourquoi ? Parce que, cher lecteur, nous voulons embellir un présent moins brillant. Il existe un vieux dicton popularisé par les réfugiés fuyant le Nord pendant la guerre de Corée : « Dans le Nord, je portais sur mon dos un veau d'or ! » (이북에 살 때는 금송아지 메고 살았어) Ces fanfaronnades constituaient bien entendu une forme de consolation en ces temps de pénurie.

La célèbre chanson *The world is a wonderful world*[3] de la Coréenne Shin Ae évoque la justice de l'existence à travers ces paroles : « *Winners live winners' lives and losers live losers' lives* »[4]. Mais, en vérité, les gagnants ont la belle vie, ce qui n'est pas le cas des perdants. Ceux qu'on qualifie de « *losers* » ont forcément du mal à accepter leur propre infériorité. Le défunt psychologue Alfred Adler, pionnier dans son domaine, a défini que le sentiment d'infériorité pouvait être une motivation pour améliorer une situation insatisfaisante. Par conséquent, perdre de temps en temps n'est pas forcément une mauvaise chose. Cependant, dans le pire des cas, cela peut se transformer en complexe d'infériorité, ce qui peut nous mener au désespoir face à notre impuissance, à un manque de motivation ou à l'auto-aveuglement afin de masquer nos failles et de noussentir supérieurs aux autres.

Le capitalisme, comme on peut s'y attendre, exploite les sentiments d'infériorité et d'insécurité. Quand j'enseignais encore, un représentant en encyclopédies est un jour venu frapper à la porte de mon bureau. Cet homme a tenté de me convaincre d'acheter ses livres, affirmant que tout universitaire qui se respecte avait besoin de ces encyclopédies britanniques. Mais je n'étais

---

3 *Le monde est un monde merveilleux.*
4 « Les gagnants vivent une vie de gagnants et les perdants vivent une vie de perdants. »

pas certain que j'arriverais à finir toute la collection et, de toute façon, je pouvais toujours les emprunter à la bibliothèque. J'ai donc décliné son offre, ajoutant que je n'avais pas d'argent sur moi. Au lieu de se retirer, le représentant m'a proposé d'acheter sa marchandise à crédit. Comme je continuais de secouer la tête, il a sorti un as de sa manche : « Professeur, professeur ! Vous devriez avoir honte de ne pas posséder ces livres ! »

Oui, ce type misait sur mon sentiment d'infériorité ! J'ai répondu : « Bien sûr, j'éprouve une grande honte. » Le représentant a alors levé les mains en signe de reddition. Il m'a même expliqué pourquoi, en ultime recours, il employait cette tactique agressive : il avait un manuel expliquant comment manipuler les gens les plus récalcitrants pour qu'ils achètent ses encyclopédies. La dernière astuce de ce manuel consistait à blesser l'orgueil des clients potentiels. Si, ce jour, j'avais eu assez d'argent sur moi, je crois que j'aurais mordu à l'hameçon avant de regretter mon achat. Oui, l'infériorité est une émotion puissante.

Quand approche la vieillesse, méfiez-vous de vos sentiments d'infériorité. Lorsqu'on vieillit, beaucoup de choses ne se passent pas comme on le voudrait. En premier lieu, on ne jouit plus de la santé insolente de la jeunesse. L'énergie diminuant, on devient naturellement plus vulnérable aux sentiments dépressifs. Les moyens financiers et l'influence sociale sont eux aussi sur le déclin. C'est particulièrement vrai dans les sociétés où les étiquettes jouent un rôle primordial, comme en Corée du Sud. Alma mater, parcours scolaire, titres officiels et professionnels – ces étiquettes permettent de différencier les gens, d'établir une hiérarchie. Il est donc compréhensible que les retraités qui ont connu un passé glorieux aient encore plus de mal à accepter leur nouvelle réalité : celle où aucune étiquette ne les définit. C'est sans doute pour cette raison que certains d'entre eux se font imprimer de nouvelles cartes de visite sur lesquelles figurent tous leurs anciens titres. En résumé, ils veulent faire savoir que leur humble présent n'est pas représentatif de leur brillant passé.

Je les comprends, vraiment. Avec tous les changements dus au passage du temps, la vie est déjà difficile à accepter telle qu'elle est. Certes, nous savons que nous y sommes obligés, mais ça reste difficile à encaisser. Cependant, refuser cette nouvelle réalité ne nous fait aucun bien, et les sentiments d'infériorité peuvent mener à des réactions excessives : exiger un traitement de faveur en raison de nos anciens titres, sermonner les jeunes générations qui n'ont rien demandé ou maudire le monde par dépit, comme un vieux grincheux. Certaines personnes dépensent des fortunes en chirurgie plastique pour tenter de retrouver l'apparence de leur jeunesse, se gavent de compléments alimentaires ou investissent sans compter dans du matériel de musculation dernier cri – au grand désarroi de leur entourage.

Mais, voyez-vous, le vieillissement est une fatalité à laquelle on ne peut pas échapper. Nous finissons tous par dépasser la fleur de l'âge. Toute forme de vie a une fin et, après une ascension en pleine possession de nos moyens physiques et sociaux, nous autres humains devons aussi arpenter le chemin du déclin. Le moment venu, se vanter de son passé ne changera rien au présent. Si vous vous complaisez dans votre sentiment d'infériorité, vous ne pouvez pas vous attendre à susciter la compassion générale. C'est la vérité impitoyable mais naturelle de la vie. Et quelle folie que cette lutte inutile avec le passé !

Si on devait me demander de citer une qualité indispensable dans la vie, je répondrais sans hésiter : *jung-gyeon* (정견 / 正見), la capacité à voir les choses telles qu'elles sont, de se voir tel qu'on est. Avec l'âge, nous avons besoin de cette conscience ingénieuse de soi. Regarder droit dans les yeux ce moi qui diminue physiquement, socialement, financièrement. Si l'on ressent de la colère, il faut la reconnaître et l'accepter. La vieillesse n'est pas une punition. Vous avez eu un passé glorieux, et votre présent est très bien comme il est. Chers lecteurs, libérez-vous de ce sentiment d'infériorité qui vous paralyse.

CHAPITRE 2

Vous ne rajeunissez pas, votre santé non plus

Un jour, j'ai rendu visite à l'un de mes anciens enseignants qui avait été hospitalisé. Il n'avait pas encore trente ans quand, après avoir achevé ses études à l'étranger, il était devenu professeur titulaire à l'université, ce qui était un exploit à l'époque. Malheureusement, après sa retraite, il a commencé à souffrir de démence sénile et, bientôt, il est devenu incapable de quitter son domicile où quelqu'un était là pour le surveiller constamment. Lorsque je suis allé le voir et lui ai demandé s'il me reconnaissait, il s'est contenté de sourire. Il ne parvenait même plus à épeler son propre nom en coréen. Qu'était-il arrivé à cet homme brillant qui donnait tous ses cours dans un anglais parfait ? J'en avais le cœur brisé. Pire, son épouse m'avait confié que la maladie avait affecté le caractère naturellement doux de son mari, et qu'il était sujet à des accès de violence, ce qu'elle avait le plus grand mal à supporter.

Aujourd'hui, je suis moi-même un vieil homme et, en tant que tel, ce que je crains le plus au monde, ce sont la mort et la perte de contrôle que peut occasionner la maladie. Mais la peur a-t-elle jamais résolu le moindre problème ? Il n'existe aucun moyen infaillible de se prémunir des maladies, surtout passé un certain âge. Tout ce que je peux faire, c'est rester vigilant et prendre soin de ma santé.

Avec l'âge, la santé se dégrade, c'est tout naturel. Même s'il vous arrive encore de vous sentir en pleine forme, ces moments sont fugaces et la tendance globale demeure un déclin progressif et constant. Il existe un terme médical, l'irréversibilité, qui signifie que, tout comme on ne peut pas remonter le temps, certains dommages des fonctions corporelles ne peuvent être réparés. Le corps humain lui-même possède cette nature d'irréversibilité. Il est fatalement voué au déclin et, au bout du compte, à un arrêt total de toutes ses fonctions. Et personne n'a jamais réussi à déjouer ce destin.

Autrement dit, craindre la maladie ou nier la réalité ne vous occasionnera que des souffrances. Les années passant, vos problèmes de santé ne vont qu'augmenter, pas diminuer. Et quand cela arrivera, je vous en prie, ne culpabilisez pas trop de n'avoir pas pris parfaitement soin de votre forme physique, parce que c'est le cours naturel de la vie. Et comme ces maladies ne vont pas disparaître par magie – désolé de vous le dire, chers lecteurs –, vous feriez mieux d'apprendre à vivre avec.

Personnellement, je suis atteint de sept pathologies différentes. Le diabète et l'hypertension sont, bien entendu, des maladies chroniques liées à mon âge, mais je souffre également d'une hernie discale, de goutte, de calculs rénaux, de coronaropathie, et je suis aveugle de l'œil gauche. Il m'est impossible de recouvrer la vue mais, grâce à une série d'interventions chirurgicales et à des examens réguliers, je peux vivre sans trop de difficultés avec ma hernie et ma coronaropathie. Curieusement, celles de ces sept affections qui me pèsent le plus sont le diabète et l'hypertension dans la mesure où leur caractère chronique requiert une attention soutenue au quotidien. Au début, j'ai essayé d'améliorer mon état : je me suis mis au régime et, lorsque je mangeais trop, je m'obligeais à de longues promenades. À l'époque du diagnostic, je travaillais à l'hôpital universitaire d'Ewha, et je traversais donc chaque jour à pied le district de Jongno à Séoul pour faire mes dix mille pas. Mais cet effort était difficile à soutenir. Pour finir, j'ai compris qu'il fallait que j'accueille désormais ces soucis de santé comme d'inévitables compagnons au lieu de les considérer comme des problèmes à régler. J'ai donc modifié mon état d'esprit pour me concentrer sur les moyens de les tenir en respect au lieu de tenter vainement de m'en débarrasser.

Voici les deux principes qui m'ont permis de garder mes maladies chroniques sous contrôle. D'abord, je fais entièrement confiance à mes médecins et je suis scrupuleusement leurs recommandations. Je prends toujours les médicaments prescrits à heure régulière mais je m'abstiens de faire des recherches trop poussées ou de questionner mon docteur à leur sujet, me contentant de lui rapporter d'éventuels effets secondaires. Ce n'est pas parce que je dispose moi-même de connaissances médicales que je dois m'interroger de manière excessive sur tout ce qui touche à mes problèmes de santé car – et je parle d'expérience –, cela ne m'apporterait qu'un surcroît de stress et d'anxiété. Si je dois vivre toute ma vie avec ces pathologies, mieux vaut que je me force à devenir conciliant et volontairement ignorant, dans une certaine mesure. Parfois, c'est ce niveau crucial d'ignorance volontaire qui nous donne la force et la patience de supporter nos maladies.

En second lieu, je m'applique, non pas à faire ce qui est bon pour ma santé, mais à ne pas faire ce qui pourrait lui nuire. Quand je leur ai parlé de mon état, nombre de mes connaissances, désireuses de m'aider, m'ont recommandé médicaments et traitements holistiques. J'en ai testé quelques-uns mais, pour être honnête, je ne peux réellement témoigner du bien-fondé de ce choix. En effet, ils n'ont fait qu'ajouter à mon stress en allongeant ma liste de tâches quotidiennes ! Au lieu de me lancer dans ce genre d'expériences en croisant les doigts, j'ai donc décidé d'éviter les comportements à risque : je ne bois pas, je ne fume pas et je me couche à des heures régulières. Je savais que je serais capable de respecter ces mesures simples basées sur « ne pas faire » plutôt que « faire ».

Voilà maintenant plus de trente ans que je vis plutôt confortablement malgré mes nombreux problèmes de santé. Mes mesures quotidiennes de tension artérielle et de glycémie remplissent quarante carnets au total. Si j'avais eu pour objectif de guérir de toutes mes maladies, j'aurais agité le drapeau blanc il y a bien longtemps. Mais, du jour où j'ai décidé de ne pas les combattre ni de nier la réalité, je suis parvenu à les gérer beaucoup mieux. Un corps vieillissant, chers lecteurs, est voué à souffrir d'un problème ou deux. La réalité, c'est qu'en traitant une maladie, on risque parfois d'en créer une nouvelle (au début le diagnostic de diabète m'a particulièrement perturbé, car il s'agissait d'un effet secondaire de mon traitement pour la hernie discale). Pour votre santé mentale, mieux vaut donc ne pas aspirer à l'impossible objectif de la santé parfaite. Et rappelez-vous : maladie n'est pas synonyme de malheur. La vie peut demeurer agréable si vous gérez bien vos pathologies.

Dans quelques années, je souffrirai certainement de plus de sept maladies. Avec la vieillesse, l'avenir devient incertain, et l'incertitude fait peur. Mais craindre le futur n'aide pas à l'affronter. La peur appelle la peur. Il est plus productif d'accepter ses maladies et de trouver le moyen de vivre avec – voyez-les comme des amis mal lunés. Mieux vaut ne pas essayer de jouer au plus malin avec elles. En termes de santé, ne formez pas de projets trop ambitieux. Apprenez plutôt à gérer vos soucis en suivant votre traitement de manière régulière et cohérente. Alors, seulement, vous trouverez la force de vivre avec la maladie sans la laisser déterminer votre existence. Je parle d'expérience, et c'est le meilleur conseil que je puisse vous donner.

CHAPITRE 3
La réalité des liens familiaux

Un jour, il y a des années – tous mes enfants avaient déjà quitté le nid pour fonder leur propre foyer –, l'un de mes petits-fils m'a montré un dessin qu'il avait fait à l'école sur le sujet de « la famille ». Son œuvre m'a laissé bouche bée. Ni ma femme ni moi n'y figurions – au contraire du chien et du chat de la maison ! J'ai alors songé que mon petit-fils devait considérer que je faisais moins partie de la famille que ses animaux domestiques, et j'ai éprouvé un pincement d'amertume.

Et puis j'ai compris. Certes, j'étais un peu troublé, mais mon petit-fils dessinait ce qu'il connaissait. Nous avions beau former une famille, nous ne vivions pas ensemble, et il devait se dire que ses grands-parents n'entraient pas dans la catégorie de ce qu'il considérait comme sa « vraie » famille. Cela m'a rappelé ce qui était arrivé lorsque mon fils aîné, en primaire, avait lui aussi dû dessiner sa famille. Il s'était représenté avec ses frères et sœurs, ma femme et moi. Mais son dessin était étrange : moi, son père, je n'y figurais que sous la forme d'un corps sans visage. Mon fils était habitué à me voir, mes jours de congé, endormi et enfoui sous les couvertures, avec juste mes pieds qui dépassaient. Il avait donc dessiné ce qu'il voyait à la maison ; c'était un dessin honnête.

Aujourd'hui, je vis avec tous mes petits-enfants, et leurs dessins ont changé. À présent, mon épouse et moi y avons notre place. J'en suis infiniment reconnaissant ! Entre-temps, de nouveaux chiens et chats ont rejoint la famille. Ces adorables animaux sont devenus de vrais compagnons de vie en même temps que ma femme et moi sommes devenus une vraie famille pour nos petits-enfants.

À présent que nous vivons tous dans la même villa, nous avons deux chiens et quelques chats, y compris les animaux errants dont nous nous occupons. Avant d'emménager ensemble, nous avions déjà un chien mais, quand la villa a été achevée, les beaux-parents de mon benjamin nous ont envoyé un jindo pour célébrer l'événement. Dans la famille, tout le monde n'était pas fan des chiens mais, après nous être concertés, nous avons décidé d'adopter ce jindo malgré le scepticisme de certains membres.

Par la suite, nous avons dû inscrire notre chien (que nous avons baptisé Al Dong) à un stage d'entraînement canin. Environ une semaine plus tard, nous avons reçu un coup de téléphone du dresseur qui nous a informés qu'Al Dong n'était pas adapté à ses cours. Autrement dit, il était viré ! Cette nouvelle nous a déprimés autant que préoccupés. Nous pensions qu'Al Dong en serait encore plus affecté que nous. Mais, bientôt, nous avons découvert que cet incident le laissait complètement froid : il était juste content de nous revoir. Même les membres de ma famille qui s'étaient opposés à son adoption ont partagé avec nous ces moments de joie et d'inquiétude.

Peu après son exclusion du stage, un incident s'est produit avec le chien. Mon beau-fils avait préparé une pâtée spéciale pour Al Dong qu'il lui a donnée lui-même. Pour essayer de la décoller du fond de la gamelle, il a frappé le sol avec celle-ci. Effrayé par ce geste et le tintamarre, Al Dong a mordu la main de mon beau-fils. Étrangement, c'est son fils – mon petit-fils – que cet accident a mis en colère. Indigné qu'Al Dong ait osé mordre la main de son père, il a lourdement insisté pour qu'on pique le chien. Si vous saviez, chers lecteurs, quels trésors de patience il nous a fallu déployer pour calmer cet enfant, vous en auriez les larmes aux yeux ! Chaque membre de la famille a déployé mille efforts pour persuader mon petit-fils de changer d'avis. Nous étions tous autour de lui, à plaider la cause d'Al Dong. Il a fallu quelques cadeaux et bon nombre de promesses pour qu'il consente enfin à lui accorder son pardon.

Désormais, Al Dong est un membre de la famille à part entière, sans l'ombre d'un doute. Nous lui faisons confiance pour garder la maison en notre absence et nous n'imaginons plus rentrer sans qu'il nous fasse la fête. Avec lui, nous avons partagé de nombreux moments de rires et de larmes. Il en est de même avec le reste de la famille : lorsque nous avons emménagé ensemble au début des années 2000, nous étions souvent maladroits les uns avec les autres, mal à l'aise lors des réunions familiales, et nous nous sentions parfois étrangers les uns aux autres.

Aujourd'hui, il y a plus de vingt ans que nous vivons ensemble, à partager rires et pleurs. Même s'il nous arrivait de nous disputer et de nous éloigner les uns des autres, nous nous sommes vite rapprochés et réconciliés pour affronter ensemble les revers de la vie, et nous avons même souvent demandé pardon au nom d'un autre proche. C'est ainsi que nous sommes devenus une vraie famille. Nous savons comment nous traiter mutuellement et quels sont nos points sensibles. D'un simple regard, nous pouvons finir une phrase commencée par un autre, tout cela dans le plus grand respect.

Même si mon épouse et moi figurons désormais, aux côtés de nos animaux de compagnie, sur les dessins de nos petits-enfants, je ne sais toujours pas très bien où je me situe dans la hiérarchie familiale. Cela me rappelle une blague coréenne d'assez mauvais goût qui explique que, le jour d'un déménagement, les grands-parents doivent monter en premier dans la voiture pour être sûrs qu'on ne les oublie pas. Plaisanterie mise à part, quand Al Dong m'accueille en remuant la queue, il m'arrive de me demander si, pour ma famille, je n'occupe pas une place relativement similaire à la sienne.

Comme moi autrefois, chers lecteurs, vous croyez peut-être que les liens du sang suffisent pour former une famille. Mais, avec l'âge, vous devez prendre conscience de la réalité des liens familiaux et reconnaître qu'il en faut beaucoup plus : devenir une famille véritablement aimante et solidaire exige beaucoup de temps, de tâtonnements, de joies et de chagrins partagés. N'oubliez pas que « famille de sang » ne signifie pas toujours « vraie famille ». C'est le temps que nous passons ensemble qui nous rapproche jour après jour. Ce sont les conflits, les malentendus et les larmes qui cimentent réellement les liens familiaux.

CHAPITRE 4

Quand les enfants deviennent des parents

« Papa, bois beaucoup d'eau ! »

Voilà ce que disait ma fille aînée dans un e-mail l'été dernier quand toute la Corée du Sud était en surchauffe. En plus des alertes canicule, ma femme et moi recevions constamment ces exhortations de la part de nos enfants. Toutes les heures, ils nous appelaient ou nous envoyaient un message pour nous enjoindre de boire et de nous reposer. Certes, nous faisions partie des catégories de personnes qui souffraient le plus de la chaleur, mais nos enfants devaient en baver à se tourmenter de la sorte pour nous. Aussi nous sommes-nous scrupuleusement hydratés. L'inquiétude de notre progéniture ne manquait pas de me rappeler que, désormais, j'étais bel et bien un vieillard.

Pire encore, accablé de mes diverses maladies, je suis pour ainsi dire une clinique ambulante. Alors, bien entendu, mes enfants se font du souci, en particulier depuis que je me suis blessé à la tête en glissant dans l'escalier. Quand je suis enfin sorti de l'hôpital, heureusement sans lésion cérébrale ni fracture sérieuse, mes enfants m'ont interdit de partir en randonnée.

Quelle injonction déchirante pour moi qui passait l'essentiel de ma vie à marcher en montagne afin d'y trouver la paix ! Il est vrai que, depuis quelque temps, je niais ma faiblesse croissante chaque fois que je partais randonner. À présent que mes enfants en étaient au point de m'interdire totalement cette activité, j'étais absolument dévasté. Il fallait que j'affronte enfin cette cruelle vérité : je n'étais plus assez en forme pour m'adonner à ma passion ! Mais, passé un certain âge, il est sage d'écouter ses enfants – tout comme, dans leur prime jeunesse, ils tenaient compte de vos conseils. Je sais que cette inversion des rôles peut paraître un peu humiliante au premier abord, mais il vous faut maintenant respecter l'opinion de vos enfants et, parfois, négocier avec eux pour trouver un compromis en votre faveur. C'est la conduite que j'ai adoptée, et je suis parvenu à les convaincre de me laisser me promener le long des sentiers plats et bien entretenus qui encerclent la ville et qu'on appelle Olle et Dulle.

Les bons jours, je prends un taxi jusqu'au pavillon de Buam-dong. De là, je rentre à pied jusqu'à la maison, à Gugi-dong. Mais, désormais, on ne m'autorise plus ce plaisir que de temps à autre. La chaleur, le gel, la pluie et la poussière ne conviennent pas à ces petites escapades. En outre, me préparer pour une simple promenade requiert chaque fois plus d'énergie. Un jour, même cette petite sortie deviendra trop risquée pour moi. Je n'ose imaginer l'abattement que je ressentirai alors. Mais qu'y puis-je ? Je me promènerai autant que possible tant que je resterai capable de sortir et d'arpenter le sentier tout seul. Cette certitude est un plaisir dont je peux profiter maintenant, et seulement maintenant.

L'un des plus grands changements que l'on éprouve en vieillissant est sans nul doute celui qui affecte le corps. À partir d'un certain stade, notre santé ne peut que se dégrader. La vue baisse, ainsi que l'ouïe. On est si facilement épuisé qu'il devient de plus en plus difficile de sortir seul. La mémoire flanchant également, on commence à oublier pas mal de choses, sans compter les maladies que l'âge nous inflige.

Après quatre-vingts ans, le processus de vieillissement s'accélère encore. J'ai passé ma vie à enseigner mais, peu après mon quatre-vingtième anniversaire, je me suis aperçu qu'il me fallait de gros efforts de concentration pour dispenser un cours correct. Dans ma jeunesse, l'intégralité de mes exposés jaillissait sans peine de mon esprit à ma bouche mais, une fois octogénaire, j'ai été sauvé plus d'une fois par PowerPoint : c'était pour moi le seul moyen de ne pas perdre le fil de mon discours. Par ailleurs, au cours des séquences de questions/réponses à la fin du cours, je devais me déplacer jusqu'à la personne qui m'interrogeait et l'écouter attentivement, les yeux fermés. Certes, c'était en partie à cause de mon ouïe défaillante, mais aussi parce que j'avais besoin de toute ma concentration pour comprendre la question et formuler ma réponse. Quelques décennies plus tôt, j'aurais encouragé mon auditoire à me mettre sur la sellette et j'aurais répondu d'un coup à toutes leurs interrogations, de façon claire et détaillée, en faisant chaque fois référence aux points essentiels abordés durant le cours. À présent, je ne suis plus capable de pareille prouesse. Côté écriture, les choses ont également changé. Comme mon œil valide – le droit – commence à faiblir depuis un certain temps, je ne distingue pas très bien ce qui s'affiche sur l'écran de mon ordinateur et, même lorsque j'arrive à déchiffrer quelques lignes tout seul, j'ai besoin de longues pauses. Pour écrire une page, il me faut maintenant plusieurs jours.

Récemment, on m'a prescrit des médicaments après un examen de routine et mon épouse, qui m'accompagnait, a eu cette réflexion en découvrant la longueur de l'ordonnance : « Comment arrives-tu à faire tenir tout ça dans ton estomac ? »

Mais qui peut échapper aux méfaits de la vieillesse ? Tout ce que nous pouvons faire, c'est écouter nos médecins, prendre consciencieusement les traitements qu'ils nous prescrivent et gérer nos pathologies. Si votre mémoire est défaillante, notez les dates et les rendez-vous importants sur votre agenda et, si vous avez du mal à vous concentrer, pourquoi ne pas faire appel à des équipements modernes afin de trouver une façon de vous adapter à votre corps vieillissant ? Vous n'êtes plus aussi souple et vaillant qu'autrefois, mais à quoi bon vous lamenter sur votre sort ? Certes, il est regrettable que le grand âge nous oblige à affronter des problèmes physiques et psychologiques, mais c'est une nouvelle réalité qu'il nous faut accepter tôt ou tard – et le plus tôt sera le mieux.

Ayant travaillé toute ma vie dans le domaine de la santé mentale, j'ai rencontré de nombreux patients, et la plupart paraissaient plus vieux que leur âge. La souffrance – surtout quand elle dure – peut produire ce genre d'effets. Mais cette modification de leur apparence n'était pas seulement due aux difficultés psychologiques dont ils étaient affectés. En effet, la plupart de ces patients se plaignaient aussi de problèmes physiologiques. Ils vitupéraient contre leurs douleurs, leur cœur si lourd et toutes ces choses et ces gens qu'ils n'appréciaient pas. Écouter fait partie de mon métier, et je tendais donc respectueusement l'oreille mais chaque fois que je les entendais se lamenter sur leurs multiples maux, je ne pouvais m'empêcher de penser qu'à leur place, je ne me plaindrais pas et ne baisserais pas les bras uniquement parce que je souffrais d'une maladie invalidante.

Je vois aujourd'hui dans cette version plus jeune de moi-même un homme qui avait du mal à s'identifier avec ses patients, et j'en éprouve un profond sentiment de culpabilité, mais cela aussi était inévitable. La réalité du vieillissement et de l'affaiblissement du corps ne peut être véritablement appréhendée que par ceux qui la vivent. Autrement dit, chers lecteurs, il est inutile de vous plaindre des souffrances physiques et psychologiques liées à l'âge : quels que soient leurs efforts, les jeunes générations ne vous comprendront vraiment que beaucoup plus tard, lorsqu'elles éprouveront elles-mêmes ces difficultés.

Mais alors, comment rester digne en dépit de notre état physique ? En acceptant le phénomène du vieillissement lui-même, tout en recherchant et appréciant ce qui nous est accessible tant que c'est possible. Nous autres Coréens avons coutume de dire, pour plaisanter : « Tu as déjà été vieux ? Moi, j'ai déjà été jeune ! » Mais je ne pense pas que l'argument qui se cache derrière ce trait d'esprit soit une justification recevable. En vérité, ayant été jeune puis vieux, nous devons avoir acquis une capacité d'acceptation et d'expression plus vaste. Pourquoi gémir et se lamenter alors qu'il existe des façons plus respectables et sophistiquées de faire part à notre entourage des difficultés liées à l'âge ? Vieillir ne signifie pas renoncer à la dignité.

« Papa, tu as bu de l'eau ? » Non contente de nous harceler d'e-mails, ma fille nous relançait par téléphone. C'est dans ces moments-là – quand mes enfants s'inquiètent de ma santé, ou que mes étudiants me recommandent de « prendre soin de moi » – que je prends vraiment conscience de mon grand âge. Chaque fois que cela se produit, une petite voix dans ma tête proteste : « Je vais très bien ! Mon cerveau est comme neuf ! » Mais je ne prononce jamais ces mots tout haut, parce que les autres ont raison et que cette petite voix ne se fait entendre que pour exprimer la tristesse que je ressens à l'idée de devoir accepter mon corps et mon esprit défaillants. Il est temps d'accueillir cette tristesse tout en apprenant à ne pas rejeter les conseils de mes enfants et de mes amis. Alors, je me dis : « Oui, il faut que je les écoute. Pourquoi ne pas essayer d'être un père docile ? »

Pourtant, certains jours, je me sens grincheux et plein de ressentiment. Je tente alors d'évacuer ma mauvaise humeur avec cette excuse pitoyable : « Ce n'est pas à cause de ma santé que je ne peux pas partir en randonnée mais parce que mes enfants s'inquiètent trop pour moi ! » C'est puéril, je le sais, mais cela met du baume sur mon orgueil blessé et mon cœur affligé. Ainsi consolé, je peux continuer à ne pas me plaindre et à rester digne malgré tous les inconvénients liés à l'âge. Cela peut paraître futile mais, croyez-moi, chers lecteurs, c'est un moyen efficace d'accepter sa vieillesse avec grâce.

CHAPITRE 5

Il est temps de développer votre écoute

Lorsque j'étais jeune homme et m'adressais aux personnes âgées, je me posais toujours deux questions : pourquoi parlaient-elles pour ne rien dire, et pour quelle raison criaient-elles ? Une fois lancées, en effet, elles se mettaient souvent à divaguer, et j'avais l'impression que la conversation ne menait nulle part ou s'éternisait. Je me sentais même gêné pour elles quand elles n'étaient pas sur la même longueur d'onde que les autres. Oui, j'étais triste de voir mes anciens professeurs, autrefois réputés pour leur grande sagesse, leur logique et leur concision, perdre le fil de leur pensée à mesure qu'ils vieillissaient. Certains d'entre eux refusaient de lâcher le micro face au public lors de conférences universitaires. Parfois, persistant à exprimer leurs réflexions vagabondes, ils ignoraient carrément les tentatives du modérateur pour les faire revenir au sujet. Bien souvent, je me suis juré de ne jamais devenir comme eux quand j'atteindrais leur âge. Mais vous savez quoi ? Maintenant que je suis vieux, je crois que ces ex-professeurs devaient se dire la même chose quand ils étaient plus jeunes.

« Papa… »

C'est par ce mot, et en levant trois doigts, que mes enfants ont pris l'habitude de m'avertir que je venais de dire trois fois la même chose. J'ai bien dit « avertir », aussi exagéré que cela paraisse. Et, chaque fois, cet avertissement me fait sursauter et je pense : « Je ne me souviens pas d'avoir répété ça autant de fois ! » Si je soupçonne parfois mes enfants de mentir par manque d'intérêt pour mes propos, je suis persuadé que, la plupart du temps, ils disent la vérité. J'ai donc pris l'habitude de commencer chacune de mes interventions par « Comme je l'ai déjà dit… »

Quelquefois, cependant, il me paraît nécessaire de partager avec mes enfants mon point de vue sur la vie et ses valeurs. Et je fais mon possible pour ajouter une touche d'humour à mes conseils afin de ne pas sembler péremptoire. Malgré cela, et à mon grand embarras, mes enfants me rétorquent souvent : « Papa, s'il te plaît, baisse d'un ton. » Je me dis alors que je dois ressembler à mes anciens professeurs après qu'ils ont atteint un âge avancé. Une fois, ma fille m'a même dit : « Papa, arrête de te chamailler avec maman ! »

« Comment ça ? Nous ne nous sommes pas disputés ! »

« Si, je vous ai entendus crier. »

Ce malentendu provient généralement du fait que le niveau sonore de nos conversations a beaucoup augmenté. Je me suis en effet aperçu que les personnes âgées s'expriment souvent fort pour qu'on les entende bien mais que la baisse de leur ouïe les empêche d'évaluer avec précision le volume de leur voix. C'est sans doute ce qui explique la méprise de ma fille cadette. Je n'ai pu m'empêcher de me moquer de moi-même, vivante image de ces vieux professeurs auxquels j'avais pourtant décidé de ne jamais ressembler.

En tant que légitime représentant des seniors, permettez-moi, chers lecteurs, de prendre notre défense. Pourquoi parlons-nous autant ? Il se trouve que nous avons plus de difficultés à nous concentrer sur un seul sujet. Une conversation est censée servir un objectif. Pour ce faire, il convient d'habiller la discussion. Représentez-vous celle-ci comme un arbre dont le tronc serait le fil conducteur et dont les branches constitueraient les digressions et les ornements. Comme nous avons du mal à nous focaliser sur un thème unique, nous avons du mal à repérer les liens de causalité et avons tendance à recourir trop souvent à notre pensée associative – autrement dit, beaucoup de branches sans tronc. Comme l'affirme le proverbe coréen, nous démarrons bien, mais nous finissons à Samcheonpo. Le temps de comprendre que nous avons perdu le fil, nous ne nous souvenons plus de ce que nous voulions dire, et la conversation est partie en vrille.

J'ai également compris que ce défaut est en grande partie lié à l'expérience : plus on est vieux, plus on est convaincu de la justesse de ses valeurs et de ses opinions. Bref, les seniors ont beaucoup à dire. Croyez-moi, cela part d'une bonne intention : nous voulons simplement aider, guider, partager. Certes, il nous arrive aussi de vouloir donner des leçons de vie.

Mais les enseignements d'un vieillard présentent-ils un quelconque intérêt pour les jeunes d'aujourd'hui ? Autrefois, les anciens étaient respectés pour leur sagesse. On disait que la mort d'une personne âgée était comparable à la fermeture d'une bibliothèque. Mais c'était à une époque où la connaissance s'acquérait essentiellement à travers l'expérience personnelle. De nos jours, les jeunes disposent au bout de leurs doigts d'une énorme quantité d'informations qu'ils parcourent sans effort au quotidien. Ils peuvent traduire plusieurs langues d'un simple clic sur leur smartphone et consulter des vidéos provenant de partout dans le monde. La quantité d'informations accessibles est telle que certains déclarent même cyniquement que nous sommes devenus des « poubelles à données ». Dans ce contexte, notre expérience, aussi durement acquise ou précieuse qu'elle soit, n'est plus aussi pertinente ni rare.

À un moment donné, j'envoyais à mes petits-enfants, par e-mail, des récits de mon enfance, dans un effort sincère pour communiquer avec eux. Ils adoraient mes histoires qui semblaient tout droit sorties d'un livre de contes, mais ils restaient effarés par les choix que j'avais faits ou mes réactions dans une situation donnée. En général, leur stupéfaction s'exprimait de trois façons :

« Grand-père, c'est stupide. »

« Grand-père, tu es tellement naïf ! »

« Grand-père, je ne comprends rien à ce que tu racontes. »

De nos jours, les enfants sont beaucoup plus cultivés et ouverts sur le monde qu'ils ne l'étaient à mon époque, et les deux premières réactions ne me surprenaient pas. Quant à la troisième, elle me laissait sans voix. S'ils ne comprenaient rien, ce n'est pas parce que mes écrits étaient trop sibyllins mais parce que ma manière de pensée était radicalement différente de la leur. En soixante ans, le monde a radicalement changé. Alors, comment prétendre que mon expérience personnelle possède une quelconque valeur pour des gamins qui vivent dans cet univers transformé ?

Certains se demanderont si, par-là, j'entends que nous autres seniors devrions nous taire. Enfin, pas nous taire complètement, mais parler moins et écouter plus. Pour communiquer de façon efficace, il faut avoir des points communs avec son auditoire : plus il y en a, plus la conversation est profonde. Et qui, selon vous, a le plus de chances de trouver ce terrain d'entente essentiel, les vieux ou les jeunes ? Ce sont évidemment les seniors car ils ont à la fois l'expérience du passé et du présent. Aussi devons-nous faire le premier pas pour comprendre le point de vue des jeunes. Nous devons les écouter. Nous ne sommes peut-être pas en mesure d'appréhender le monde à leur façon, mais il nous faut tenter d'appréhender à quel point il est différent à leurs yeux ou, à défaut, d'admettre notre ignorance sur certains sujets.

Écouter n'est pas un acte passif et unilatéral. Le terme psychologique « abréaction » désigne le processus consistant à évacuer des émotions refoulées et à soulager l'anxiété en se remémorant ou en revivant des expériences douloureuses remisées dans le subconscient. Le simple fait de bien écouter peut aider votre auditoire à faire l'expérience libératrice de l'abréaction. Aussi la partie la plus importante du métier de psychiatre est-elle l'écoute.

De nos jours, les jeunes générations sont confrontées à des difficultés très différentes de celles que nous avons connues à notre époque. Rien ne semble facile pour eux : l'école, le travail, le couple, l'éducation des enfants... Ils ont connu la concurrence tumultueuse qui régit l'ère moderne et qui, bien souvent, se révèle déshumanisante et néfaste pour leur estime de soi. Malgré leur travail acharné, ils bénéficieront de moins de sécurité et de stabilité financière que nous n'en avions. Voilà une perspective bien démoralisante ! Peut-être, je dis bien peut-être, n'ont-ils pas tant besoin d'un professeur que d'une oreille attentive.

Quand j'étais petit garçon, je m'entendais incroyablement bien avec ma grand-mère. C'était une femme au tempérament débonnaire qui, pour cette époque résolument patriarcale, faisait preuve d'un esprit progressiste. Même quand j'étais étudiant, j'avais de grandes conversations avec elle. Je l'admirais et espérais lui ressembler quand j'aurais son âge. Avec le recul, j'ai pris conscience que, si je prenais tant de plaisir à nos discussions, c'est avant tout parce qu'elle savait m'écouter. Un sourire bienveillant aux lèvres, elle m'encourageait à parler et acquiesçait à tout ce que je disais. Aussi me montrais-je avec elle aussi bavard qu'une pie.

J'ignore à quel moment cela a commencé exactement mais, en vieillissant, j'ai constaté de plus en plus souvent que l'organisateur des conférences que je donnais venait me retrouver furtivement au début de la réception de clôture pour me chuchoter : « Professeur, vous devez être épuisé. »

Certes, les colloques universitaires durent toute la journée et, le soir venu, tout le monde est fatigué. Mais nous attendons tous avec impatience la soirée pour bavarder et prendre des nouvelles les uns des autres, et je n'aurais manqué ça pour rien au monde. Aussi, quand j'entendais cette réflexion, je m'empressais de répondre : « Oh, non, je vais très bien. »

Mais, au bout d'un moment, l'organisateur revenait me murmurer : « Professeur, ce n'est pas grave si vous êtes fatigué. »

Imaginons que j'aie de nouveau protesté. Dans ce cas, un de mes collègues se joignait au chœur : « La journée a été longue, tu devrais aller te reposer. »

Je me rendais alors compte que j'avais raté l'occasion de faire une sortie élégante quand l'organisateur était venu me trouver la seconde fois. Ne vous méprenez pas, chers lecteurs, je suis certain qu'ils se souciaient sincèrement du bien-être d'un vieil enseignant malade.

Mais, bien entendu, il y avait également le fait indéniable que j'étais généralement l'intervenant le plus âgé, ce qui incitait les autres personnes présentes à la réception à bien se tenir. Dans ces moments-là, je riais intérieurement en me rappelant ma propre jeunesse.

Au début de ma carrière, on me confiait souvent la tâche de renvoyer chez eux les membres les plus âgés de la faculté après les conférences. Les jeunes universitaires apprécient la soirée qui a lieu ensuite, elle leur permet de se détendre et de s'amuser entre eux. Mais le fait qu'un de leurs aînés y assiste, surtout dans une société telle que la Corée du Sud où la hiérarchie dépend beaucoup de l'âge, assombrit grandement leurs perspectives : même si cet aîné se montre tout à fait sympathique et sociable, chacun se sent obligé de se comporter correctement et de s'exprimer poliment. Aussi, chargé de cette importante mission, j'attendais le bon moment pour aborder les professeurs les plus âgés sitôt qu'ils montraient le moindre signe de fatigue : « Monsieur, vous me paraissez épuisé… »

Alors, confus, ils se frottaient les yeux, se demandant si, en effet, ils se sentaient fatigués. J'en profitais pour enfoncer le clou : « Monsieur, je viens de vous appeler un taxi ! »

Ils devaient alors monter dans le véhicule et quitter la réception, certains relativement consentants, d'autres à contrecœur. Un autre dicton coréen affirme : « Avec les jeunes, ferme ta bouche et ouvre ton portefeuille. » Comme c'est cruel ! La vieillesse n'est pas un crime, mais pourquoi les seniors devraient-ils toujours se préoccuper à ce point de l'ambiance sociale ? Cependant, quand je considère ma propre jeunesse, j'entrevois une forme de vérité dans ce vieil adage. Pour autant, je ne peux m'empêcher de me sentir exclu. Après ce genre de soirées, je me disais souvent : « Bon sang, je peux bien rester encore un peu, j'aimerais qu'ils me laissent m'attarder davantage ! » Mais, une fois atteint un certain âge, nous devons non seulement savoir quand écouter mais aussi quand tirer notre révérence. Aujourd'hui, les stars de ces réceptions sont les représentants de la nouvelle génération. Tenter de leur voler la vedette, c'est faire preuve de *noyok* (老慾), « l'avidité de la vieillesse ». La vertu majeure des personnes âgées, c'est leur maîtrise de soi. D'une certaine manière, mes jeunes collègues m'aidaient à pratiquer cette vertu, et je devrais leur en être reconnaissant.

Certes, la maîtrise de soi est une qualité à laquelle nous devrions tous aspirer, mais elle est particulièrement cruciale chez les personnes âgées. Elle permet de savoir quand s'arrêter, ce qui requiert une bonne connaissance de soi : il faut comprendre et jauger correctement qui on est et dans quelle situation on se trouve, ce qui permet de déterminer le moment où il devient nécessaire d'exercer cette vertu.

J'ai eu un excellent professeur qui m'a appris la maîtrise de soi. C'était mon professeur principal quand j'étais au lycée et, quand ma classe a obtenu son diplôme, il est parti enseigner à l'université avant de prendre sa retraite. J'ai eu la chance de le revoir lors d'une de nos réunions d'anciens élèves. Nous avions alors atteint l'âge mûr et avons unanimement décidé de l'inviter à prononcer un discours. Il nous manquait à tous – c'était un homme en avance sur son temps, ouvert d'esprit et le cœur sur la main, qui manifestait un intérêt sincère envers chacun de ses élèves.

C'est moi qui me suis chargé de le convier à cette occasion. Quand je lui ai rendu visite, pour la première fois depuis des décennies, il m'a accueilli à bras ouverts. Je lui ai alors expliqué le but de ma démarche – mais il a catégoriquement refusé notre invitation. Il m'a expliqué qu'avec l'excitation des retrouvailles, il risquait de se mettre à radoter. Ces derniers temps, il avait le sentiment de parler plus que de raison et de se perdre trop souvent en digressions.

Mais je n'avais pas l'intention de baisser les bras. J'ai insisté, arguant que chacun avait beaucoup appris de son ouverture d'esprit et qu'il nous manquait beaucoup. Cependant, il ne cessait de me répéter : « Je ne suis plus le jeune professeur que vous avez connu et, si c'est ce que vous vous attendez à retrouver, vous allez tous être déçus. » Pour finir, j'ai dû le supplier : « Monsieur, nous aussi, nous avons changé. Nous sommes maintenant des hommes d'âge mûr, plus des adolescents ! » Notre ancien professeur s'est alors laissé convaincre, mais à une condition : il allait écrire ce qu'il comptait dire de façon concise et s'en tenir strictement à ses notes, sans ajouter un mot de plus.

Honnêtement, à l'époque, je ne comprenais pas vraiment pourquoi il tenait tant à ce que son discours reste bref. Pourtant, quand le moment est venu pour lui de le prononcer lors de notre réunion, c'est devenu limpide. L'événement en lui-même a démarré très fort : une joyeuse assemblée composée d'anciens élèves et de leur professeur bien-aimé. De nombreux souvenirs ont refait surface et, soudain, nous ressemblions tous à ceux que nous étions des décennies plus tôt. Alors que la réunion battait son plein, l'heure du discours est arrivée. Notre professeur a sorti ses notes et commencé à lire. Comme au bon vieux temps, son allocution était truffée de conseils perspicaces, chaque formule reflétant sa pensée progressiste. Mais, après quelques phrases, il s'est emballé, perdant sa cohérence habituelle. Exactement comme il l'avait craint ! Je me suis hâté de lui faire passer un message lui demandant de conclure. En le découvrant, notre professeur s'est exclamé : « Merveilleux ! C'est exactement pour ça que je ne voulais pas venir mais, bon sang, tu as tellement insisté ! »

Nous avons tous éclaté de rire.

Tous ses efforts pour rester bref ont été vains, mais sa manière de gérer la situation m'a impressionné. À l'époque, je ne faisais guère plus que me demander : « Oh, mais qu'est-il arrivé à cet homme si brillant et si discipliné ? » En vieillissant, j'ai cependant pris conscience que mon ancien professeur avait fait preuve d'un niveau admirable de connaissance de soi et de maîtrise et, comme je l'ai appris depuis, c'est extrêmement rare.

En effet, combien d'individus, à un âge avancé, parviennent à être aussi conscients des modifications de leur comportement et à travailler aussi dur pour l'améliorer ? Combien sont réellement en mesure de faire la différence entre ce dont ils sont capables ou pas ? J'en connais beaucoup qui, considérant leur âge comme un titre leur ouvrant des privilèges, agissent de manière odieuse ou tentent de faire taire les autres, persuadés que leur parole vaut mieux que la leur. Mon professeur, au contraire, a tenu compte, dans sa grande sagesse, de l'entourage et des circonstances, et il s'est demandé si sa présence était appropriée à la réunion où on le conviait.

N'oubliez pas : être digne, c'est savoir s'arrêter. Nous autres anciens, qui étions autrefois au premier plan dans la société, devons désormais faire un pas de côté et jouer les seconds rôles. Vous aurez peut-être des difficultés à faire entièrement confiance aux nouvelles générations, qu'il s'agisse de jeunes collègues ou de vos enfants, mais vous devez prendre conscience que ce n'est plus de votre ressort. Cependant, cela signifie également qu'avec le temps et l'énergie gagnés, vous êtes libre de profiter du reste de votre vie.

Aussi, chers lecteurs, à vous qui partagez mon grand âge, je vais donner deux conseils : écoutez, et apprenez à reconnaître à quel moment il est temps de vous retirer du jeu. Lee Hyeonggi, dans le premier vers de son magnifique poème, *Les fleurs qui tombent*, traduit parfaitement la beauté inoubliable de la personne qui part au bon moment.

DEUXIÈME PARTIE

N'AYEZ PAS DE REGRETS

CHAPITRE 1

La vie est trop courte pour procrastiner

Je connais un professeur, Kim Jae Eun, qui est de quatre ans mon aîné. C'est l'un des pionniers sud-coréens de la psychologie de l'éducation et il a consacré toute sa vie à l'enseignement et à la recherche. Son intégrité est inégalée et il continue d'offrir à la société ses prouesses académiques. À plus de quatre-vingt-dix ans, il reste un modèle de vivacité intellectuelle et d'optimisme, et je suis extrêmement fier de lui. Ces louanges pourraient vous amener à croire que je suis l'un de ses disciples, mais ce n'est pas le cas : nous sommes simplement des amis très proches férus de discussions. En d'autres termes, le professeur Kim est un homme ouvert d'esprit et généreux en amitié.

Il aime à dire la chose suivante : « Toute ma vie, j'ai été entouré de braves gens ! » C'est sa façon d'exprimer sa gratitude pour avoir côtoyé beaucoup d'individus déterminés à apporter du bonheur aux autres. Il souligne souvent que, quand on arrive à un âge avancé, si quelqu'un nous manque, il faut agir immédiatement. Si vous procrastinez, affirme-t-il, vous risquez de le regretter toute votre vie, comme il en a lui-même fait l'expérience.

Le professeur Kim m'a confié qu'il était très proche d'un collègue âgé – son ancien médecin, Park Moon Hee. J'ai moi aussi connu le Dr Park à l'époque où je travaillais à l'hôpital psychiatrique national dont il était le directeur. À l'époque, il était déjà très populaire en raison des efforts avant-gardistes qu'il déployait pour améliorer un système de santé mentale alors peu reluisant. En un mot, il n'avait pas son pareil dans le domaine des études psychiatriques. Un jour, le Dr Park a téléphoné au Pr Kim pour lui demander : « Professeur Kim, je ne vous manque plus, n'est-ce pas ? »

Le Dr Park n'était pas un sentimental. En général, il concluait ses appels en déclarant nonchalamment : « Déjeunons ensemble un de ces jours. » Alors, pourquoi cette étrange question sortie de nulle part ? D'abord pris de court, le Pr Kim est parvenu à répondre : « Oh, si, bien sûr, je viendrai vous voir bientôt, peut-être même la semaine prochaine ! Je pensais justement à vous ! »

Une semaine plus tard, il a appris le décès du Dr Park. Retarder sa visite d'une simple semaine reste l'un de ses plus grands regrets à ce jour. Chaque fois qu'il me relate cette anecdote, il commence en disant : « C'est devenu le regret de ma vie… »

Le temps n'attend personne. Si quelqu'un vous manque, allez le voir aussitôt ou appelez-le sur-le-champ. Certes, quand on est jeune, cela peut attendre le lendemain mais, passé un certain âge, mieux vaut agir vite. Si vos proches vivent près de chez vous, profitez-en. Et si un simple appel téléphonique mène à un face-à-face, que peut-on demander de mieux ?

Maintenant que je suis âgé, il ne m'est pas toujours simple de revoir les personnes qui me manquent. En semaine, je commence chaque journée de travail en allumant mon ordinateur. Je consulte mes e-mails puis Facebook. Un jour, j'ai reçu une notification d'anniversaire. J'ai été bouleversé car elle concernait un ami décédé depuis des années. J'ai laissé un commentaire sur sa page : « Joyeux anniversaire. Comment va la vie, là-haut ? »

Cet ami et moi étions allés ensemble à l'école de médecine. Pendant ces années de fac, l'un de ses poumons s'est révélé en si mauvais état qu'il a dû être opéré d'urgence. Ce jour-là, tous nos amis se rendaient au mariage d'un camarade de classe, et j'ai été le seul à ne pas y assister parce que je voulais être aux côtés de mon ami quand il se réveillerait.

En parcourant son fil Facebook, j'ai retrouvé un commentaire datant de l'année dernière, posté par le camarade dont j'avais raté le mariage. Il lui souhaitait un joyeux anniversaire. Mais cette année, aucun mot de sa part : lui aussi était décédé.

Plus de la moitié de mes amis de fac ont disparu aujourd'hui. Les autres, malades, vivent en maison de retraite ou souffrent de problèmes de mobilité qui les obligent à rester chez eux. Parfois, je leur envoie un e-mail groupé et, à présent, ils ne sont plus que deux à y répondre. Chaque fois que je consulte ma messagerie, je crains que m'y attendent de mauvaises nouvelles.

La solitude est l'ennemie d'une vie heureuse. Le moyen le plus simple de la vaincre, c'est de voir régulièrement ses vieux amis. Le temps semble s'envoler quand on évoque ensemble le bon vieux temps, ne trouvez-vous pas ? En vieillissant, il est sage de rester proche de ses vieux amis. Ils sont le témoignage vivant de vos succès passés – de la vitalité et des accomplissements qui furent les vôtres –, ce qui permet d'alléger les sentiments de vide apparaissant avec l'âge. Je peux attester de la consolation que l'on éprouve en compagnie de copains de longue date qui ont parcouru le chemin du vieillissement en même temps que vous. Aussi, si quelqu'un vous manque, n'hésitez pas à le contacter. La vie est trop courte pour les hésitations et l'atermoiement.

Pendant notre jeunesse trépidante dominée par le travail, socialiser peut apparaître comme une véritable corvée. Bien sûr, tout le monde aimerait être entouré d'âmes sœurs, mais notre métier nous force parfois à fréquenter des gens qu'on n'apprécie pas ou à interagir avec des supérieurs hiérarchiques peu sympathiques. Pire encore, quand on est constamment sollicité par des individus dont le seul but est d'obtenir des faveurs, on peut être tenté de tout abandonner pour se réfugier au sommet d'une montagne, loin de tout, coupé de toute interaction sociale.

L'une des premières choses qui m'a plu quand j'ai pris ma retraite, c'est la liberté de choisir. Je n'étais plus obligé de faire des choses que je n'aimais pas. Je pouvais investir mon temps dans les personnes que j'appréciais et le travail que j'aimais sans que quiconque me mette des bâtons dans les roues. Quelle bouffée d'air frais ! Si je voulais voir quelqu'un, je l'appelais sans hésiter. Je demandais aux gens de m'aider dans mes projets sans la contrainte des titres professionnels ou la crainte des conflits d'intérêts. C'est grâce au soutien et à l'amitié de mes proches que je suis parvenu à me consacrer à la recherche et au bénévolat même après ma retraite. Sans eux, et sans le plaisir que nous avons tiré de divers projets, mes dernières années de vie seraient vides et solitaires.

C'est, malheureusement, un avantage dont on ne peut jouir que si l'on est en bonne santé. Après mes quatre-vingts ans, je ne rencontrais plus autant de gens tant je me fatiguais vite. Et puis, en définitive, ces gens étaient de moins en moins nombreux : beaucoup de mes amis étaient décédés, et ceux qui étaient encore en vie avaient souvent du mal à se déplacer seuls. Il n'est pas rare qu'entre seniors, nous perdions le contact. Et il n'y a rien de plus triste, quelque temps après, de se retrouver aux obsèques d'une personne dont on n'avait plus de nouvelles.

À l'hiver 2014, j'ai reçu un avis de décès particulièrement lugubre. À l'époque, je me trouvais au Népal. J'entretiens avec ce pays un lien particulier né de ma fascination pour l'Himalaya où je me suis rendu en 1982 dans le cadre d'une expédition universitaire sur le Makalu. Ce lien n'a fait que se renforcer lorsque j'ai créé un groupe de bénévoles à l'hôpital universitaire d'Ewha où j'enseignais à l'époque. Nous avons commencé à effectuer chaque année des missions au Népal. En 2014, il s'est produit deux événements significatifs dans ce pays. Trois de mes étudiants, qui participaient au projet depuis sa création en 1994, se sont joints à notre vingtième voyage avec leur famille. Mes amis artistes au Népal – écrivains, peintres et musiciens – ont organisé une fête pour la publication de ma traduction en coréen de *The Wake of the White Tiger*[5] de Diamond Shumsher Rana, qui s'est battu toute sa vie pour la démocratie au Népal.

Ces deux événements simultanés m'ont empli de fierté et d'impatience. Mon épouse et moi avons assisté au lancement du livre avec mon fils et sa fille. La région de l'Himalaya étant dotée d'un impressionnant réseau Wi-Fi, ma petite-fille était plongée dans son smartphone. À un moment donné, je le lui ai emprunté pour vérifier si aucune affaire urgente ne m'attendait dans mes e-mails. Mon cœur a bondi quand j'ai vu un message intitulé : « Avis de décès ». Je savais que, même si je le lisais sur-le-champ, je ne pourrais me rendre à temps aux obsèques. J'ai décidé de ne plus y penser jusqu'à mon retour en Corée mais, sans le faire

5 *Le sillage du tigre blanc*, non traduit en français.

exprès, j'ai ouvert le courriel. Ce que j'ai découvert m'a coupé le souffle : mon meilleur ami était décédé.

« Le printemps est là mais on ne dirait pas le printemps » (봄이 왔건만, 봄 같지가 않다), affirme un vieil adage. C'est exactement ce que j'ai ressenti en lisant cet e-mail. Les réjouissances qui se déroulaient autour de nous m'empêchaient de partager mon émotion avec ma famille, et j'ai dû la contenir jusqu'au soir. Aujourd'hui encore, je me rappelle encore le choc dévastateur que j'ai éprouvé.

Mon ami s'appelait Park Doe Il. Nous nous sommes connus à l'âge de treize ans et sommes restés amis pendant plus de soixante-cinq ans. Quand je l'ai rencontré, Doe Il était d'une précocité étonnante, c'était une véritable encyclopédie ambulante. Pendant nos années de collège, nous avons créé un club de lecture dirigé par celui-ci. Une fois par semaine, nous nous réunissions pour discuter littérature et écouter de vieux vinyles. Doe Il avait un faible pour Camus, auteur très influent en Corée du Sud à l'époque, et il lisait ses œuvres à haute voix. Il analysait aussi pour nous des symphonies alambiquées avec une aisance remarquable. Je crois que mon amour de la poésie et des arts visuels doivent beaucoup à cet ami très cher.

Un jour, Doe Il a tenté de se suicider par overdose. En apprenant la nouvelle, notre club de lecture s'est réuni et une étrange discussion a eu lieu. L'un des membres, qui deviendra l'un des auteurs les plus influents du pays, a déclaré que nous devions respecter la décision de notre ami car mettre fin à sa vie était un choix qui lui appartenait à lui seul. Je crois que ce débat absurde sur la vie et la mort se nourrissait de notre nature adolescente : nous étions sensibles, intellectuellement curieux, et versatiles. Je suis intervenu en affirmant que nous n'avions aucun moyen de savoir ce qui avait poussé Doe Il tant que nous ne pourrions pas lui poser directement la question. Pour cela, il fallait qu'il survive, un argument qui a remporté l'approbation de la majorité.

Doe Il a toujours été un grand penseur. Il a étudié la philosophie à l'université et tracé son propre chemin dans la vie malgré ses questionnements et ses doutes perpétuels. Deux ans avant son décès, nous nous retrouvions chaque semaine pour déguster un udon[6] et nous remémorer le bon vieux temps. L'udon était notre casse-croûte préféré au collège, le seul que nous avions les moyens de nous offrir, et ça nous rappelait toujours des souvenirs. Mais, l'année précédant le décès de Doe Il, nos emplois du temps ne correspondaient jamais et nous ne nous sommes pas vus du tout. Si j'avais su que notre amitié s'achèverait aussi brutalement, sans un au revoir digne de ce nom, j'aurais fait tout ce qui était en mon pouvoir pour qu'on se retrouve, même brièvement. Ce regret me taraude, mais je ne peux pas revenir en arrière.

Que signifie être en vie ? Quand on cesse de respirer et que le cœur s'arrête de battre, on est biologiquement mort. Mais n'y a-t-il pas un peu de vérité dans le cliché selon lequel tant qu'on se souvient de quelqu'un et qu'on le regrette, il continue à vivre, d'une certaine façon ? Mon ami Doe Il a disparu, mais je me souviens de lui comme si je l'avais vu hier. Je me le rappelle comme un jeune homme passionné et délicat qui ne vivait que pour l'art. Je ne peux exprimer à quel point notre amitié a enrichi ma vie et l'a remplie de souvenirs précieux. Quelle chance j'ai eue de l'avoir rencontré et d'avoir été son ami dans cette vie !

6 Plat à base de pâtes japonaises épaisses.

À présent, tout ce que je puis faire, c'est contempler le ciel et dire : « Tu m'as rendu heureux, mon ami. »

Je crois que notre véritable héritage n'est pas gravé sur les pierres tombales. Certaines personnes, craignant l'oubli, font inscrire leurs titres, quelques vers d'un poème ou des citations célèbres sur leur stèle. Mais ces épitaphes ne sont pas éternelles. La seule chose qui dure vraiment, ce sont les bons souvenirs que nous créons en compagnie de nos proches. Si je peux rendre l'existence de quiconque un peu plus heureuse, ma vie n'aura-t-elle pas été utile ?

Nous sommes nombreux à tenir le coup, jour après jour, en nous raccrochant aux images heureuses que nous avons de nos proches. Chers lecteurs, quels souvenirs voulez-vous laisser ? Ne souhaitez-vous pas qu'on se souvienne de vous comme d'une personne qui a joué un rôle essentiel dans le bonheur des autres ? En gardant cette question à l'esprit, comment oublier que chaque jour est une occasion de graver cette inscription dans la mémoire de ceux qui restent après vous ?

CHAPITRE 2

Course à la performance : à quoi ça sert ?

En 1981, à l'apogée de l'industrialisation de la Corée du Sud, la société LG a implanté une usine de télévisions à Huntsville, aux États-Unis. KBS (Korean Broadcasting System), l'une des plus grandes chaînes coréennes, a suivi et diffusé tout le processus, de la construction à l'exploitation. Ce documentaire incarnait un véritable sentiment de patriotisme vis-à-vis des entreprises coréennes émergentes.

Voilà plus de quarante ans que j'ai vu ce film, mais un aspect en particulier m'est resté en mémoire. Le cadre coréen responsable de l'usine s'est rendu chez l'un de ses employés américains pour un entretien avec la famille de celui-ci. Voici ce qu'il a dit à son épouse : « Je remercie votre mari pour son travail acharné dans notre entreprise. Je souhaite faire tout ce qui est en mon pouvoir pour vous récompenser, alors dites-moi ce que vous voulez, je vous prie. »

Je me suis demandé si elle allait réclamer une grosse augmentation ou une prime, mais elle a répondu : « Monsieur, je veux que mon mari rentre à l'heure à la maison. »

Sur le moment, j'en suis resté bouche bée. À l'époque, la société coréenne était obnubilée par la performance : il fallait travailler sans relâche pour que notre pays et ses habitants prospèrent. Le chef de famille idéal était quelqu'un qui gagnait toujours plus d'argent. Mais cette femme était prête à renoncer à cette incroyable opportunité uniquement pour voir son mari plus souvent ?

L'un de mes amis, aujourd'hui nonagénaire, déclare souvent avec amertume : « Je n'avais vraiment pas besoin de travailler autant. »

Il m'a raconté qu'à force d'être un bourreau de travail, il avait perdu femme et enfants. Beaucoup de Coréens de ma génération, je le crains, auraient le même discours que lui. La culture de notre pays, axée sur la croissance, a exigé de gros sacrifices de la plupart d'entre nous. Nous nous efforcions de travailler toujours plus dur, de ne pas prendre de retard, de surpasser nos concurrents. Nous nous propulsions en avant comme si nous étions poursuivis. Lorsque la stabilité tranquille et bucolique de notre société agricole s'est effondrée du jour au lendemain, une ère de compétition s'est imposée, ne laissant de répit à personne. Il n'est donc pas surprenant qu'à un moment donné, la première cause de décès des quadragénaires en Corée du Sud ait été le surmenage.

Malheureusement, cela n'a guère changé. Je constate cependant avec plaisir que, ces dernières années, la notion d'équilibre entre vie professionnelle et vie privée a gagné du terrain dans notre pays, ce qui témoigne de nouvelles aspirations plus saines. Cet équilibre est désormais un critère déterminant pour les jeunes qui entrent sur le marché du travail. Je le considère pour ma part comme une tendance positive qui guide doucement notre société dans une meilleure direction. Pour autant, je conçois une certaine amertume en songeant que cette même tendance rappelle combien notre société demeure compétitive et obsédée par le travail.

Mon épouse me dit souvent qu'entre trente et cinquante ans, elle a eu l'impression de vivre avec le cerveau paralysé. Elle ne se rappelle pas grand-chose de cette période tant elle était accaparée par les innombrables tâches qui incombent à une femme qui, en plus de travailler, est mère de quatre enfants. Et je la comprends.

Il y a quelque temps, j'ai eu une discussion avec mon fils aîné. Il m'a confié que, lorsqu'il était à l'école primaire et que sa mère et moi travaillions, il n'avait jamais l'impression d'être chez lui dans notre maison. Livré à lui-même, il se sentait responsable de ses frères et sœurs plus jeunes. Je n'ai pas trouvé les mots pour lui exprimer ma culpabilité de père à l'idée de lui avoir imposé un tel stress à un si jeune âge.

L'ère du surmenage et de la course à la performance doit cesser. Oui, le temps n'est plus à la survie mais à une bonne qualité de vie ! Oublions les journées interminables de travail sous-payé et tournons-nous vers un avenir où seuls les esprits créatifs permettront de promouvoir une économie florissante ! Et la créativité nécessite d'avoir du temps pour se reposer et se détendre, de l'audace pour prendre des risques et de l'espace pour commettre des erreurs et les réparer.

D'un autre côté, je me permets de poser cette question : si nous nous sommes tués à la tâche, était-ce contre notre volonté, uniquement pour gagner notre vie et survivre ? Pourquoi avons-nous sacrifié notre jeunesse dans cette obsession pour le travail ?

Quand j'ai commencé à travailler en établissement psychiatrique, la réalité de la médecine sud-coréenne n'aurait pu être plus éloignée des idéaux que j'avais étudiés dans mes manuels scolaires. En tant que docteur enseignant à l'hôpital universitaire Severance de Yonsei, je ne parvenais même pas à trouver des traductions acceptables d'articles à soumettre à mes étudiants, ce qui me rappelait combien j'avais dû me démener avec les textes en langue étrangère lors de mes propres études. Mais, comme personne ne s'était attelé à leur traduction, j'ai pris les choses en main. Mon anglais étant limité, je devais constamment recourir au dictionnaire et j'ai travaillé dur pour achever ma tâche. Quand, après avoir sué sang et eau, ma traduction a enfin été publiée, c'est devenu un outil de référence – une denrée rare – pour les infirmières et les thérapeutes, sans parler des praticiens dans le domaine de la santé mentale.

Dans les années 1970, les traitements inhumains dans les établissements psychiatriques – contention et pavillons fermés, entre autres – restaient la norme en Corée du Sud. À l'étranger, le système des unités ouvertes gagnait du terrain mais, à cause des réglementations hospitalières très strictes et du scepticisme des grands pontes, personne n'osait entreprendre un changement aussi drastique dans notre pays. Par bonheur, j'ai réussi à convaincre l'université de me donner les pleins pouvoirs pour diriger l'hôpital comme je l'entendais. Convaincu qu'un meilleur environnement favorise le progrès des patients atteints de problèmes psychologiques, je suis devenu le premier à gérer un service ouvert dans toute la Corée du Sud.

C'était une entreprise complexe, mais j'adorais mon travail et je m'y rendais toujours avec plaisir. Lorsque j'appliquais mes théories à la pratique, j'avais l'impression d'être un agriculteur labourant un champ rocailleux. Avec témérité, je sautais sur chaque occasion de relever un défi. J'étais tellement accaparé par mon métier et les moyens de l'améliorer que je ne pensais à rien d'autre. Si je n'avais été motivé que par l'argent ou la gloire, je ne me serais certainement pas investi de la même manière.

Tant de personnes affirment qu'elles ont gâché leur jeunesse dans le travail ! Certes, on peut regretter d'être passé à côté de choses importantes à force de se concentrer dans sa carrière. Mais, en premier lieu, il faut vous demander pourquoi le travail vous obnubile autant. N'y avez-vous pas trouvé un sens, du plaisir, de l'épanouissement, au moins au début ? Ne tiriez-vous pas une certaine fierté de vos réussites professionnelles ? Si c'est le cas, n'éprouvez pas de remords, mais félicitez-vous. Les plus grandes joies que puissent connaître les humains proviennent du travail. Avoir pu profiter pleinement de ces joies n'est-il pas une forme de bonheur ?

Si vous éprouvez toujours des remords, c'est peut-être parce que vous n'avez pas réellement choisi de vous consacrer à votre carrière : vous vous êtes seulement senti obligé d'adopter ce mode de vie. Beaucoup de mes patients étaient des quarantenaires qui souffraient de *burn out*. Tous avaient envie d'exister en dehors de leur carrière, mais la plupart échouaient, non par manque de temps ou de ressources, mais parce qu'eux-mêmes ignoraient comment faire. Ils avaient beau aspirer désespérément à un meilleur équilibre entre leur travail et leur vie privée, toutes leurs tentatives pour y parvenir étaient vaines. Car, voyez-vous, pour trouver cet équilibre, il convient d'abord de savoir qui on est.

Suis-je plus heureux quand je travaille ? Est-ce que j'aime avant tout interagir avec les gens et nouer des relations ? Qu'est-ce qui me permet d'être moi-même ? Quand on sait répondre à ces questions, on ne se perd pas dans une course futile à la performance. Dans ce cas, en effet, on n'éprouve pas le besoin de surpasser les autres et d'arriver en tête de cette course. On se concentre simplement sur ce qu'on veut faire à sa façon. Cependant, quand on n'a pas la réponse à ces questions, c'est qu'on se conforme aux normes établies par les autres et qu'on essaie de rivaliser avec eux. Et le jour où on se réveille en se demandant pourquoi on a travaillé si dur, la jeunesse est loin derrière.

Tout le monde ne sait pas ce que signifie « travailler dur ». J'entends par là que le plaisir qu'on tire d'un dur labeur est une récompense exclusivement réservée à ceux qui savent qui ils sont et ont trouvé un travail qui a du sens. Si ce que je viens de décrire vous parle, cher lecteur, soyez indulgent envers vous-mêmes et félicitez-vous d'être un grand travailleur. La bonne nouvelle, c'est que le travail est une mission à vie. Ce n'est pas parce qu'on est retraité qu'on doit cesser d'être actif. Et si, jusqu'à présent, vous n'avez pas goûté au sens et au plaisir du travail, pourquoi ne pas commencer maintenant ? Trouvez l'activité qui vous motive vraiment et profitez des joies qu'elle vous apporte.

CHAPITRE 3

Être parents, un défi sans pareil

Dans les années 1980, alors que le mouvement démocratique était à son apogée en Corée du Sud, on assistait en permanence à des confrontations entre les étudiants qui manifestaient et les forces de police qui réprimaient avec brutalité ces rassemblements. L'un de mes anciens professeurs, de passage à Séoul pendant l'une de ces manifestations, est tombé sur sa fille devant un piquet de grève. Son cœur s'est emballé. Il comprenait fort bien l'engagement de sa fille, mais il craignait qu'il ne lui arrive malheur. Après un temps d'hésitation, en voyant ses talons hauts, il est allé acheter une paire de baskets dans un magasin voisin et l'a donnée à sa fille pour qu'elle ne se fasse pas mal en courant. Ce petit acte d'amour parental lui a valu d'être interrogé par les services secrets : il a été accusé d'encourager les manifestants. C'est plutôt amusant, mais tel était notre monde à cette époque.

N'importe qui peut comprendre que les parents soient aussi préoccupés par la sécurité de leurs enfants. Cependant, à long terme, il devient difficile de déterminer clairement ce qui est le mieux pour eux. Doit-on respecter leur autonomie et leurs choix ? Dans ce cas, que peut-on faire pour les aider ? Ce sont des conflits que de nombreux parents – sinon tous – doivent affronter en élevant leur progéniture. Pris dans cette situation, mon ancien professeur a décidé que, malgré son inquiétude, il était dans l'intérêt de sa fille qu'il lui achète une paire de chaussures confortables plutôt que d'exiger qu'elle quitte une manifestation pour une cause en laquelle elle croyait.

Être parent n'est pas une sinécure : il n'existe pas de mode d'emploi. Chaque parent a une personnalité différente, chaque enfant un tempérament différent, et la vie fait que chaque famille est confrontée à des circonstances différentes. Autrement dit, c'est du cas par cas, et même les experts les plus compétents ne sauraient offrir de solution parfaite aux problèmes rencontrés en tant que parent. C'est à ceux-ci de faire preuve d'imagination et de se montrer à la hauteur de la situation, jour après jour. Parfois, on s'aperçoit qu'on ne comprend pas ses enfants si bien que ça.

Laissez-moi vous raconter une histoire concernant mon fils aîné, aujourd'hui astronome. Il s'est intéressé aux étoiles bien avant d'entrer en primaire et ma famille s'est toujours demandé d'où lui était venue cette fascination à un si jeune âge. Pendant les vacances, j'avais coutume de l'emmener lorsque je rendais visite à mon ancien mentor qui lui posait de nombreuses questions. Suite à ces interrogatoires, il a conclu que mon fils, dont les parents restaient tard au travail, n'avait rien d'autre à faire que contempler les étoiles la nuit. Autrement dit, elles étaient sans doute la manifestation de ses angoisses de séparation et, d'une certaine façon, des amies imaginaires. Parole de psychologue.

Pour être honnête, je n'étais pas d'accord avec cette hypothèse. Quand j'étais petit, je grimpais dans un plaqueminier pour passer le temps. Après l'indépendance de la Corée, ma mère partait souvent faire du bénévolat. À l'époque, j'étais un petit garçon sensible qui prenait tout à cœur. Chaque fois que ma mère me manquait, je grimpais dans mon plaqueminier puis sur le toit de notre maison où je restais seul à pleurer.

Nostalgique de ces moments, lorsque nous avons acquis une parcelle de terrain à Deungchon-dong pour construire notre maison, j'ai installé une échelle menant au toit pour que mes enfants puissent y jouer. La nuit, c'était l'endroit idéal pour observer les constellations. Alors, naturellement, je me suis dit que mon fils s'était mis à rêver d'être astronome grâce à ma clairvoyance et à l'observatoire de fortune que je lui avais offert, et j'en ai conçu une véritable fierté.

Mais vous savez quoi ? Nous avions tous tort ! Il s'est avéré que ses aspirations dataient de l'époque où nous habitions Dapsimni, en banlieue de Séoul. Mon fils jouait souvent avec ses amis dans une petite allée, mais ils devaient rentrer chez eux, un par un, au coucher du soleil. Il était généralement le dernier à s'attarder là-bas, contemplant le ciel jusqu'à notre retour du travail. Il a découvert qu'une étoile très brillante était toujours la première à apparaître à la tombée de la nuit. Il se demandait quel était son nom mais aucun de ses professeurs, ni ma femme ou moi, n'étions capables de lui répondre. Or, un jour qu'il consultait une revue étudiante, il s'est aperçu que cette « étoile » était en réalité la planète Vénus. Voilà comment est née sa passion et, lorsqu'Apollo 11 s'est posé sur la Lune, il a décidé de devenir astronome.

Il est probable que d'autres facteurs ont contribué à ce rêve. Il affirme cependant que le principal d'entre eux fut la curiosité. Sa vocation ne provient donc pas d'une angoisse de la séparation, comme l'affirmait mon mentor, ni du fait que je lui avais offert une maison depuis laquelle il pouvait observer les étoiles. Il avait simplement découvert leur présence à un moment déterminant de sa vie, sa curiosité s'est éveillée et il les a étudiées. C'est tout.

Si vous êtes parents, chers lecteurs, vous avez certainement constaté que, très fréquemment, vos enfants gardent des événements passés un souvenir très différent du vôtre. Souvent, mes enfants ne se rappellent pas un geste de ma part que je considérais comme mémorable, et il arrive que j'aie complètement oublié des faits qui les ont profondément marqués. C'est ce qui est délicat dans l'éducation : ce qu'on s'efforce d'offrir à nos enfants ne leur parvient pas toujours, et des actes qu'on juge sans importance les affectent parfois bien plus qu'on ne l'aurait imaginé.

Pour être honnête, je ne garde pas un souvenir particulièrement heureux de l'époque où ma famille et moi vivions à Deungchon-dong. En effet, ce quartier a été bâti à la hâte pour pallier les problèmes de surpopulation et, naturellement, ce n'était pas un environnement idéal pour les familles dotées de jeunes enfants. Les miens devaient traverser une route dénuée de passage piéton afin de prendre le bus ou escalader une colline pour se rendre à l'école. Les rues n'étaient pas goudronnées et se transformaient en marécage chaque fois qu'il pleuvait. Je travaillais alors à l'hôpital universitaire Severance de Yonsei, et je détestais laisser des traces boueuses sur le sol immaculé de l'établissement après mon trajet en train. Chaque fois, je me rendais droit aux toilettes pour nettoyer mes chaussures. Pire encore : l'entreprise de construction ayant fait faillite, nous avons emménagé dans une maison encore en chantier, sans portail ! Je me sentais coupable d'élever mes enfants dans un lieu aussi peu sûr, et je ne cessais de m'inquiéter pour eux.

À ma grande surprise, j'ai découvert que mes enfants gardent de cette période un souvenir ému. Ils m'ont raconté qu'ils voyaient des faisans et des serpents sur la colline en allant à l'école et qu'ils avaient même apprivoisé des tamias et des oiseaux. Sur les parcelles où les fondations n'avaient pas encore été coulées, ils jouaient en groupe avec les enfants du quartier jusque tard dans la soirée. En l'absence de portail, ils pouvaient se mêler à tout le voisinage, formant une grande famille. Cet environnement que je jugeais dangereux constituait en réalité pour mes enfants un terrain de jeux en pleine nature.

Que signifie bien élever ses enfants ? Pour eux, nous déployons mille efforts, mais rien ne garantit qu'ils leur soient bénéfiques. Les enfants ne prennent que ce dont ils ont besoin et se construisent leur propre monde. Permettez-moi d'enfiler un instant ma casquette de médecin. Si nos instructions parentales ont rarement l'effet escompté sur nos enfants, est-il juste que nous nous attribuions tout le mérite de leur éducation ? Manifestement, nos enfants doivent eux aussi travailler dur pour grandir en fonction de nos décisions. Je le sais d'expérience : quand les parents profitent pleinement de la vie, leurs enfants puisent dans le terreau de cette existence heureuse les nutriments favorisant leur croissance. Autrement dit, il est inutile d'essayer de reproduire un modèle d'éducation « idéal » car, en définitive, il suffit de vivre votre vie de la meilleure manière possible pour devenir naturellement de bons parents pour vos enfants – ils n'ont besoin de rien d'autre.

Quand j'ai commencé à y travailler, l'hôpital universitaire d'Ewha n'était qu'un établissement de jour. Sous ma tutelle, nous avons ouvert un petit service de vingt lits où j'emmenais régulièrement mes enfants. Mes proches, choqués que je les fasse entrer dans un hôpital psychiatrique, me sermonnaient souvent à ce sujet. Mais qu'y avait-il de mal à ce que je montre à ma progéniture mon lieu de travail et la façon dont j'exerçais mon métier ? Je n'ai jamais considéré le fait de soigner des maladies mentales comme un stigmate dont je devais préserver mes enfants, et je trouvais injuste que des patients atteints de troubles psychologiques et neurologiques soient systématiquement considérés comme des menaces potentielles. Aussi mes enfants ont-ils continué à m'accompagner, et le personnel comme les patients étaient aux petits soins pour eux.

À Noël ou les jours de fête, mes enfants jouaient une pièce de théâtre ou chantaient en chœur devant le personnel et les patients de l'hôpital. Leurs petites têtes débordaient d'idées qui ne manquaient jamais de me faire sourire. Ces spectacles étaient souvent très créatifs, et ils se révélaient parfois si perspicaces que nous, public d'adultes, nous nous sentions obligés de nous remettre en question. Par ailleurs, mes enfants se joignaient à nous – personnel de l'hôpital, patients et chefs de service – lors d'excursions en plein air organisées à l'automne et au printemps. Ce temps passé tous ensemble offrait aux patients une excellente occasion de se reconnecter au monde extérieur, et mes enfants ont beaucoup appris en s'adaptant aux circonstances uniques de ces événements.

À l'hôpital d'Ewha, en 1974, j'ai introduit le psychodrame comme méthode de traitement, en collaboration avec le dramaturge Oh Young Jin, le professeur Rhee Kang Baek et le metteur en scène Kim Sang Yeol. Mon fils aîné, en particulier, a été grandement influencé par ces interactions précoces avec des artistes. Oh Young Jin, qu'il appelait « grand-père », lui a relaté de nombreux récits mythologiques au sujet des étoiles. Quant à Rhee Kang Baek, il lui a même montré ses ébauches d'une pièce de théâtre qu'il n'avait pas encore montée, et il manifestait un intérêt sincère pour le roman que mon fils tentait d'écrire à l'époque. Aujourd'hui encore, celui-ci reste un amoureux des livres et du théâtre, et il passe volontiers des heures dans les musées d'art, ce qui prouve combien ces expériences de jeunesse l'ont marqué.

Vous savez, lorsque j'emmenais mes enfants au travail, ce n'était pas dans l'intention cachée de leur enseigner de précieuses leçons. Je ne faisais que partager mon quotidien avec eux. Je ne comptais pas faire de cette immersion en milieu professionnel un moment déterminant de leur vie, mon seul souhait était de passer le plus de temps possible avec eux. Or, ils se sont imprégnés de cette expérience dans ce nouvel environnement, et ils se la sont appropriée. Je n'ai pas bien élevé mes enfants, chers lecteurs : ce sont eux qui ont bien grandi. C'est là que réside, à mon sens, le mystère de la parentalité.

Aussi est-il inutile de ressasser le passé et de regretter ses choix en matière d'éducation. Car, voyez-vous, être parent est délicat à bien des égards. Avec l'âge, vous vous apercevrez sans doute comme moi que rien ne s'est vraiment passé comme prévu tandis que vous vous efforciez d'éduquer au mieux vos enfants. Vos hypothèses quant à votre rôle de parent peuvent même se révéler complètement fausses – comme lorsque j'ai supposé, à tort, que j'avais influencé la vocation de mon fils.

Pour ma part, j'ai toujours été un peu perdu face à ma progéniture, même si, en tant que psychiatre, j'ai une bonne connaissance des relations parents-enfants. Ma mère étant exagérément protectrice, j'ai toujours rêvé d'avoir des parents permissifs et détendus. C'est pourquoi j'ai décidé d'être le genre de père capable de laisser à ses enfants une vaste marge de manœuvre et de l'espace pour faire leurs propres expériences de vie, avec leurs succès et leurs échecs. Hélas, il s'est avéré que mon approche de la parentalité était à la limite de la négligence !

En primaire, mon fils aîné a reçu des félicitations de la part du directeur de son école. Ce jour-là, il est rentré à la maison avec ses trois frère et sœurs cadets sous une pluie battante, avec un seul parapluie dont il s'est servi pour les abriter sur tout le trajet, se laissant tremper par l'averse. Le directeur, qui était dans les parages, l'a complimenté pour son altruisme. J'ai explosé de fierté en apprenant la nouvelle. Mais savez-vous ce que mon fils m'a dit ? Il n'avait pas le choix, a-t-il déclaré avec rancœur, parce qu'avec des parents comme les siens, toujours accaparés par leur travail, il était le seul à pouvoir s'occuper de ses sœurs et de son frère. Lui-même étant encore tout jeune, il devait avoir envie d'être choyé et de pouvoir s'appuyer sur quelqu'un mais, émotionnellement, il se considérait comme le patriarche de la famille – quelle lourde charge à porter ! Pourtant, au lieu de prendre le temps de bien comprendre ses sentiments, je me suis empressé de me réjouir des félicitations qu'il avait reçues. Quel père immature j'étais !

Mais qui peut se vanter d'être un parent parfait ? Dans ce domaine, nous sommes tous des amateurs et nous commettons tous des erreurs, c'est inévitable. Heureusement, nos enfants ne sont pas définis par nos décisions de parents car ils possèdent une volonté propre. C'est peut-être difficile à accepter, je le sais, mais vos enfants grandissent et deviennent ce qu'ils sont par eux-mêmes autant que grâce à l'éducation que vous leur donnez.

Si cela peut vous réconforter, élever un enfant est beaucoup plus simple qu'on ne l'imagine. Il suffit de créer et d'entretenir avec eux un lien solide, comme dans les relations humaines en général. Soyez honnête et authentique, et agissez avec humanité au lieu de vous efforcer de coller à l'image que vous vous faites d'un parent modèle. De cette façon, vos enfants apprendront à vous accepter tel que vous êtes, avec vos qualités et vos défauts. Cette relation sincère entre eux et vous leur permettra de construire et développer leur vie jusqu'à l'épanouissement.

Tant que ces principes sont respectés, je ne vois absolument pas la nécessité d'opérer une distinction entre bons et mauvais parents. Dans ce contexte, il n'existe d'ailleurs pas de bons ou de mauvais parents, seulement de vrais parents qui font de leur mieux.

CHAPITRE 4

Apprenez à connaître vos parents

À l'époque où mes enfants étaient à l'école primaire, j'ai décidé, un dimanche où tout le monde était à la maison, de cacher un petit magnétophone dans ma poche pour garder une trace de nos conversations de tous les jours. Plus tard, en écoutant les enregistrements, j'ai eu un choc : mes enfants étaient beaucoup plus calmes que je ne me l'imaginais, et devinez qui parlait le plus ? Moi. Et je m'exprimais de manière extrêmement autoritaire, bien loin du ton que j'adopte dans mon métier de psychiatre. Au cours d'une discussion, je me suis entendu balayer d'un revers de la main les interventions de mes enfants d'un vague « On verra ça plus tard ». En réalité, j'avais déjà pris ma décision et ne demandais l'opinion des autres que par principe. Comme mes prises de position étaient rarement contestées, je m'étais toujours considéré comme un père très démocrate – à tort, comme le montrait l'enregistrement.

Voilà sans doute pourquoi mes enfants prêtent désormais peu d'attention à mes propos. Même si je comprends leur point de vue, j'avoue avoir du mal à m'y faire. En vieillissant, les parents montrent davantage de retenue. Ils craignent que leurs enfants, déjà très occupés, ne se sentent bousculés et considèrent leurs conseils bien intentionnés comme une ingérence ou une intrusion. Aussi les parents âgés choisissent-ils leurs mots avec prudence quand ils s'adressent à leurs enfants. Rien d'étonnant à ce que nous nous sentions aussi tristes et désemparés lorsque ces mots sont accueillis avec indifférence.

Mais qu'y faire ? En tant qu'enfant, je n'écoutais guère mon père, moi non plus, et il était rare que nous ayons une véritable conversation. Mon père est décédé à quarante-neuf ans, au beau milieu de la guerre de Corée. À cause de ce conflit, notre entreprise de nouilles, autrefois florissante, a fait faillite du jour au lendemain, après quoi notre famille a déménagé d'appartement en appartement, tous plus petits et délabrés les uns que les autres. Mon père a rendu son dernier souffle dans l'un de ces studios miteux.

Malade, il perdait du poids et s'affaiblissait de jour en jour mais, comme tous les médecins avaient été appelés sur le front, nous n'avons jamais su de quoi il souffrait. À l'époque, j'étais au lycée et j'ai réussi à me procurer une ordonnance pour des médicaments qui, nous l'espérions, pourraient le guérir. J'ai fait des piqûres à mon père pendant deux ans jusqu'à sa mort. Il m'arrivait d'éclater en sanglots devant son corps émacié et de plus en plus faible. Avant, c'était un homme d'une force impressionnante mais, à la fin de sa vie, il se tordait de douleur au simple contact d'une aiguille. Le chagrin que j'ai éprouvé en le voyant aux prises avec la maladie a sans nul doute influencé ma décision d'exercer la médecine.

Mon père était un homme de principes, et il respectait les règles comme si sa vie en dépendait. Lorsqu'il était encore propriétaire de la fabrique de nouilles, celle-ci était si prospère qu'il avait pu se permettre de gérer d'autres usines produisant des biens de première nécessité. Il souhaitait étendre ses activités au-delà de Daegu, où il vivait, partout dans le pays. Mais pour transformer cet objectif en réalité, il avait besoin de l'autorisation du gouverneur général japonais de Corée. Il s'est donc lancé dans une procédure complexe afin d'obtenir une licence qui lui a été refusée à maintes reprises. À l'époque, les relations comptaient souvent davantage que les démarches légales ou les formalités. Refusant de se soumettre à cette pratique, mon père a préféré faire confiance aux règles qu'on lui avait appris à suivre. Face aux difficultés qui se succédaient, mon oncle est intervenu. « Frère, laisse-moi m'occuper de ça », a-t-il dit. Dès le lendemain, il s'est présenté avec le permis officiel. J'ignore quelles ficelles il a dû tirer, mais je parie que mon père était sidéré.

Ma mère, en revanche, était une véritable guerrière. Bien que son père s'oppose à ce qu'elle finisse ses études au lycée, elle avait insisté et obtenu gain de cause. Plus tard, elle a affirmé que le kimchi et la pâte de soja pouvaient être fabriqués en usine, à l'encontre d'une croyance ancienne selon laquelle ces aliments de base coréens, considérés comme une nourriture de l'âme, ne devaient être confectionnés qu'au sein de chaque foyer. Ma mère n'ignorait pas la quantité monumentale de travail qu'exigeait la fabrication maison de ces produits ; en effet le kimchi et la pâte de soja devaient être préparés en quantité suffisante pour assurer la subsistance d'une famille tout au long de l'année. Pour quatre personnes, par exemple, il fallait trente choux pour un lot de kimchi – à ses yeux, c'était une tâche suffisamment importante pour justifier une production en usine.

En d'autres termes, ma mère était une femme très en avance sur son temps et dotée d'une volonté d'acier. Imaginez combien elle devait être frustrée de vivre avec un homme comme mon père ! Durant toute sa vie de couple, ma mère a souffert de troubles gastriques chroniques qui l'obligeaient souvent à garder le lit. En raison de la pénurie d'analgésiques, les Coréens de l'époque se rabattaient souvent sur la morphine, et ma mère n'a pas fait exception à la règle. Cependant, après le décès de mon père, elle a retrouvé une santé de fer, sans présenter le moindre symptôme de sevrage. Des années plus tard, j'ai compris que ses problèmes chroniques provenaient sans doute du stress provoqué par les compromis permanents qu'elle faisait pour ne pas contrarier mon père.

Sous la tutelle de cette mère au caractère bien trempé, je suis devenu un élève modèle, et j'ai toujours pensé que je tenais de mon père mon inflexibilité, c'est-à-dire mon aversion pour toute forme d'infraction aux règles. Étant le seul fils – je n'avais qu'une sœur cadette –, je devais faire face à une mère surprotectrice en plus de gérer mes propres problèmes de personnalité et, lorsque je me sentais coincé, je rejetais parfois la faute sur mon père. Il m'arrivait même de lui reprocher de faire passer ses responsabilités avant ses envies, et de le considérer comme un citoyen médiocre qui allait dans le sens du courant et se rangeait à l'opinion de la majorité.

Cependant, des années après son décès, j'ai appris quelque chose de nouveau à son sujet. Alors que j'avais toujours cru qu'il avait fréquenté le même lycée que moi – celui de Kyungpook –, j'ai découvert qu'il ne figurait pas dans les annuaires de l'établissement. En cherchant à élucider ce mystère, je me suis aperçu qu'il avait obtenu son diplôme ailleurs, au lycée commercial de Mokpo, dans une autre province. Je n'y comprenais rien : avec les moyens de transport rudimentaires de l'époque, pourquoi s'était-il exilé aussi loin ? Il s'est avéré que mon père était l'une des figures de proue du Mouvement du 1er mars pour l'indépendance de la Corée, et que le lycée de Kyungpook avait expulsé tous les élèves impliqués dans cette manifestation, ce qui avait obligé mon père à trouver un nouvel établissement. J'étais stupéfait : mon père, résolument à cheval sur les principes, s'était fait exclure de son lycée ?

Qui aurait cru qu'il cachait un esprit aussi rebelle ? Et comment était-il parvenu à dissimuler ce trait de caractère durant plus de la moitié de sa vie ? Cette découverte a fait ressurgir le souvenir enfoui d'une occasion où mon père, généralement doux et complaisant, a laissé ressurgir sa nature séditieuse : j'étais alors un gamin espiègle âgé de six ans et j'avais fait le pitre pendant la session solennelle du matin à l'école japonaise, ce qui m'avait valu d'être taxé de *boollyeongsunin* (불령선인 / 不逞鮮人), un terme péjoratif et discriminatoire utilisé pour qualifier les Coréens qui ne se soumettaient pas au gouvernement japonais pendant la période coloniale.

Lorsque mon père l'avait appris, il avait jeté mon cartable dans la cour et ramassé tous mes manuels scolaires sur mon bureau puis enflammé le tout. Il m'avait hurlé que je ne remettrais plus jamais les pieds à l'école. J'avais les jambes qui tremblaient face à cet homme qui ne se comportait plus du tout comme mon père. Mes tantes essayaient de le calmer, en vain. Après coup, plus personne n'avait évoqué ce qui s'était passé, et je ne pouvais me résoudre à le questionner sur son accès de colère. J'ai donc réprimé ce souvenir, jusqu'à découvrir qu'il avait été lui-même renvoyé de son lycée.

Aujourd'hui, je comprends mieux : cette crise était le fruit de sa frustration refoulée – la fureur vis-à-vis du joug colonial japonais, la peur accumulée au cours de son activisme pour l'indépendance coréenne, le désespoir et la honte qui le submergeaient depuis qu'il avait renoncé à la résistance pour suivre la voie sans embûches d'un citoyen ordinaire. Tous ces sentiments avaient dû refaire surface quand son unique fils avait été malmené et traité de « Coréen rebelle ».

À ce jour, mon plus profond regret reste que je n'ai jamais pu entendre ces histoires de la bouche de mon père. Cela m'aurait permis de mieux le connaître, de savoir quels rêves l'habitaient, quels échecs il avait essuyés et quelles leçons il en avait tirées. Dans ma jeunesse insouciante, j'ai été trop prompt à le considérer comme un citoyen docile refusant de sortir des sentiers battus, et je n'ai jamais pensé à chercher qui il était vraiment. J'en suis terriblement désolé.

Alors même que nous vivons dans l'ombre de nos parents, nous ne découvrons pratiquement jamais comment ils sont devenus ce qu'ils sont. Ce que nous pensons savoir n'est que la partie émergée de l'iceberg, et nous quittons généralement nos parents sans entrevoir ce qui se cache sous la surface. Comment comprendre notre propre vie si nous ne comprenons pas celle de nos parents ? Leur histoire recèle des indices cachés indispensables à la compréhension de notre existence. En parvenant à les voir comme des individus susceptibles de partager des histoires inédites, nous pourrons enfin appréhender quels aspects de nous-mêmes nous avons hérités d'eux.

Je vous promets, lecteurs, que l'histoire de vos parents est jonchée de petits cailloux blancs qui mènent à la vôtre. Mais vous devez rester à l'affût de ces cailloux et faire l'effort de comprendre le point de vue de vos parents. Posez-leur des questions. Oubliez vos préjugés pour un temps et tendez mieux l'oreille. Ceci est un conseil sincère de la part d'un fils insouciant qui n'a commencé à connaître son père que longtemps après sa mort.

CHAPITRE 5

Le regret appelle le regret

Un jour, j'ai reçu la visite d'un de mes anciens étudiants, retraité depuis quelques années. Certaines personnes souffrent plus que d'autres de la « maladie de la retraite », et il semblait gravement atteint. Il avait largement les moyens de vivre ses dernières années en toute sécurité, mais il souffrait d'une angoisse permanente. Son corps n'était plus ce qu'il était, sa mémoire s'était détériorée et il se sentait dépassé dans ses relations importantes car personne ne semblait l'écouter. Je lui ai déclaré que tout le monde vieillissait et que c'était le propre de la vie, ce qui n'a fait qu'accroître son anxiété.

Qu'aurais-je pu dire pour le rassurer ? En effet, à partir d'un certain âge, on a beaucoup à perdre. Le corps est loin d'être au sommet de sa forme, c'est vrai. Certains chercheurs considèrent même le processus de vieillissement comme un phénomène pathologique en soi. Autrement dit, ils classent le vieillissement dans la catégorie des maladies. Même les tâches les plus simples exigent beaucoup plus d'efforts quand le corps vieillit et que l'esprit s'émousse. Alors, y a-t-il des bons côtés au grand âge ? Permettez-moi de vous poser la question suivante : malgré tous ces inconvénients, si, après la retraite, vous parvenez à mettre en place un plan de vie confortable, n'est-ce pas une bénédiction ?

J'ai essayé de raisonner mon étudiant en lui faisant remarquer qu'il avait beaucoup plus de choses qui jouaient en sa faveur que la plupart des gens : il avait accompli de formidables travaux scientifiques, encadré de nombreux collègues qui avaient suivi ses traces, et disposait de suffisamment d'économies et d'une pension pour vivre confortablement pendant ses vieux jours. Il donnait même des conférences un peu partout depuis qu'il était à la retraite. Malgré cela, il continuait de se demander où était passée sa belle jeunesse, et sa gorge se serrait chaque fois qu'il pensait à l'avenir.

Même si je l'encourageais à se montrer plus positif, je comprends ces regrets amers vis-à-vis de ce qu'il aurait pu ou dû être. Et avec l'âge, on vit souvent dans la crainte de la mort qui approche. Mais cela n'arrange rien, bien entendu. C'est pourquoi, chers lecteurs, je vais vous faire part de quelques-unes de mes tactiques les plus efficaces pour gérer l'anxiété liée à la vieillesse.

Tout d'abord, acceptez celle-ci et mettez votre esprit en mode « malgré ». Ne vous voilez pas la face avec des compliments insignifiants tels que « Vous ne faites pas votre âge ». Même si c'est le cas, cela ne signifie pas que vous vieillissez différemment. Avoir l'air jeune et être jeune sont deux choses totalement différentes. Il serait idiot de s'obstiner à vouloir être jeune alors que tout indique le contraire.

Il y a peu d'éléments qui jouent à votre avantage dans le grand âge. Si vous affirmez que vous avez plus de raisons qu'avant d'être triste et déprimé, je ne peux guère vous contredire. Mais en adoptant le mode « malgré », tout n'est pas si noir : même si votre corps et votre esprit ne sont plus aussi vifs qu'avant, vous pouvez encore vous rendre utile et contribuer à la société. Je vous assure qu'il existe pour le reste de votre vie une mission à laquelle vous n'avez pas encore songé.

Le présent de chaque individu est la somme d'actions et de choix passés. Chacun possède des connaissances et des expériences accumulées au fil des ans – de grandes richesses que vous n'avez pas encore découvertes, chers lecteurs. Réfléchissez et demandez-vous si vous ne sous-estimez pas votre expérience de vie et vos accomplissements. Qu'ils soient grands ou petits, les fruits de votre travail ont de la valeur. Si vous ne les appréciez pas suffisamment vous-même, comment pouvez-vous attendre des autres qu'ils vous respectent pour la vie que vous avez menée ? Alors, acceptez votre nouvelle réalité de senior, mais pensez aussi à profiter des richesses qui vous sont propres.

Oui, qui que vous soyez, vous disposez d'une foule d'expériences et de connaissances précieuses à offrir au monde, malgré tous les inconvénients du grand âge.

Par ailleurs, ne vous précipitez pas : faites les choses « petit à petit ». Une fois que vous avez pris conscience de vos richesses, il est temps d'en tirer parti. Par « ne pas se précipiter », je n'entends pas « stagner ». Passez à l'action sans trop vous compliquer la vie, mais n'oubliez pas de le faire petit à petit, même si vous avez l'impression que le temps ne joue pas en votre faveur. Les choses doivent se mettre en place naturellement. Alors, détendez-vous et profitez du cheminement – ça va être amusant ! À un âge avancé, il est essentiel d'apprécier le plaisir du processus au lieu de se focaliser sur les résultats. Si vous avez vécu votre jeunesse dans un esprit de compétition, ne pensez-vous pas que vous méritez une récompense ? Voici mon secret : cette récompense réside tout simplement dans le plaisir que vous éprouverez à avancer petit à petit.

Les avantages du « petit à petit » sont indissociables d'une approche légère de la vie. Petit à petit, comme une averse d'avril traverse votre veste. Prenez votre temps et vous aurez le plaisir de découvrir à chaque expérience des choses nouvelles qui n'avaient pas attiré votre attention auparavant. Plus vous trouverez de la nouveauté dans l'ordinaire, plus vous aurez de joie dans votre vie – et ce ne sera qu'un début.

Ensuite, ne comparez pas vos succès avec ceux des autres. *L'Angélus* de Jean-François Millet immortalise un couple de fermiers priant solennellement devant un panier de pommes de terre pour exprimer leur gratitude à la fin de la journée. J'ai le sentiment que ce tableau représente l'essence d'une vie idéale à un âge avancé : l'acceptation sereine des récoltes de l'année, un moment de profonde gratitude ; l'humilité de prendre les choses telles qu'elles sont et de s'incliner devant un travail acharné qui a porté ses fruits.

Avec l'âge, nous devons accepter la vie telle qu'elle est et apprendre à être reconnaissants. Seule cette acceptation nous permettra de connaître la paix et le contentement qui nous sont promis dans la vieillesse.

Chers lecteurs, ne perdez pas les années qui vous restent à ressasser le passé et à vous soucier de l'avenir. Cessez de vous dire : « J'aurais dû mieux labourer mon champ au printemps », « C'est tout ce que j'ai récolté ? » ou « Les moissons des autres semblent meilleures que la mienne », et réfléchissez plutôt aux moyens de faire bon usage de ce que vous possédez aujourd'hui.

Je le répète : le meilleur aspect de l'âge est la liberté, sans les responsabilités et les obligations du passé. À quoi ressemblait votre vie avant la retraite ? Ne travailliez-vous pas comme une bête de somme pour gagner votre vie ? Vous aviez à peine le temps de regarder autour de vous ou de vous retourner sur vous-même dans ce monde qui nous encourage à être toujours plus performants. Quand on vieillit, on peut être taraudé par le regret de ce que l'on n'a pas fait, des chemins que l'on n'a pas suivis quand ils se présentaient. Mais la retraite est l'occasion idéale d'entreprendre un second voyage et de profiter d'un sentiment de liberté nouveau, en suivant son cœur plutôt que sa raison. Quand on n'essaie pas d'être quelqu'un d'autre, on brille de tous ses feux. Même s'il ne vous reste plus qu'un jour à vivre, il s'agit de *votre* vie, et c'est à vous qu'il appartient de la faire ou de la défaire. Vous pouvez mettre en pratique toutes les leçons et théories que vous voulez à un âge avancé, mais voici un conseil : il est préférable de commencer au début de la seconde moitié de votre vie. L'avenir est aussi important que le passé, mais ni l'un ni l'autre ne comptent sans le présent. Vous êtes l'architecte de votre propre bonheur, et vous pouvez en établir le plan dès à présent.

Un ami proche m'a dit un jour qu'il n'avait jamais vécu sa vie comme il l'entendait. Chaque fois qu'il se trouvait à la croisée des chemins, au lieu d'écouter ce que lui dictait son cœur, il se contentait de suivre le courant, par crainte du changement. Certes, il est loin d'être le seul dans ce cas : il s'agit en réalité d'un des regrets les plus fréquents que manifestent les personnes âgées. Un de mes amis médecins, qui travaille dans une maison de retraite, a mené une enquête approfondie auprès de ses patients. À une écrasante majorité, ils ont déclaré que leur plus grand regret était de ne pas avoir suivi leur instinct – ce qui n'a surpris personne.

Pour être honnête, chers lecteurs, les regrets ont tendance à être plus beaucoup tenaces que la satisfaction. Quelle que soit la façon dont vous avez vécu, vous regarderez toujours en arrière, repensant aux options que vous avez délaissées, et vous éprouverez inévitablement regrets et curiosité. Mais avoir des regrets signifie-t-il vraiment que vous avez opéré le mauvais choix ? Qu'en pensez-vous ? Le regret annule-t-il toutes les années que mon ami a vécues du mieux qu'il a pu ? Fait-il de l'ensemble de sa vie une coquille vide ?

Tout le monde naît avec son caractère propre, dans une certaine mesure. Même les nouveau-nés montrent des prédispositions différentes. Juste après la naissance, une infirmière insère un instrument dans la bouche des bébés pour la nettoyer et sécuriser les voies respiratoires ; et certains d'entre eux, sensibles par nature, éclatent en pleurs sonores tandis que d'autres se contentent de froncer les sourcils.

Et, bien sûr, nous voulons tous vivre en accord avec notre caractère inné. Les personnes sensibles seront réfractaires aux environnements trop stimulants tandis que les individus énergiques rechercheront une atmosphère dynamique où ils pourront s'exprimer haut et fort. Malheureusement, nous ne pouvons pas choisir notre cadre de vie. Nous ne pouvons pas choisir nos parents, notre race ou notre pays de naissance. L'environnement est une donnée de base dans la vie de chacun, et nous devons nous y adapter. Au cours de ce processus d'adaptation, chacun d'entre nous se forge une identité et une perception plus claire de lui-même. Parfois, on est obligé de se conformer à son entourage et, parfois, on est autorisé à être fidèle à soi-même et à modifier cet environnement, tout cela contribuant à ce produit final complexe qu'est le moi. En résumé, votre existence est la somme de toutes les décisions que vous avez prises en cherchant un équilibre entre votre nature et votre environnement.

Qu'elle vous inspire des regrets ou que vous la jugiez à la hauteur de vos espérances, il s'agit de votre vie. Peu importe votre passé : il constitue une aventure que personne d'autre au monde n'a connue. Votre vie est une œuvre d'art unique, inimitable, que vous seul avez créée. Traitez-la avec le respect qu'elle mérite et ne la dévalorisez pas à cause des regrets qui vous taraudent. Chers lecteurs, il arrive un moment où nous devons affronter, accepter et admirer notre propre vie. On dit que Bouddha, le jour de sa naissance, a déclaré dans les jardins de Lumbini : « Sous les cieux et sur terre, je suis le seul à être honoré . » (천상천하 유아독존 / 天上天下唯我獨尊) N'a-t-il pas crié au monde entier que chacun d'entre nous est unique, irremplaçable et véritablement singulier sur cette terre ? Si vous ne devez retenir qu'un seul aphorisme, apprenez celui-ci et récitez-vous-le jour et nuit.

L'ami évoqué plus haut regrette d'avoir étouffé sa vraie nature par crainte de l'opinion des autres. Mais réfléchissez à ceci : pensez-vous qu'il soit facile de suivre le courant et de mener une vie ordinaire ? Ma génération s'est heurtée de plein fouet aux revers de l'histoire moderne de la Corée, de la domination coloniale japonaise à l'indépendance en passant par la guerre et la scission du pays en deux nations. Dans ce monde de pénueries et de brutalité, la survie était notre priorité absolue. Nous nous préoccupions uniquement de ce que nous allions mettre sur la table pour le prochain repas et n'avions guère le choix lorsqu'il s'agissait de gagner notre vie. Les renoncements individuels étaient considérés comme allant de soi parce que l'époque l'exigeait – petits moyens, grands sacrifices. Mais quand on a survécu à tout cela, quand on s'en est sorti vivant et en bonne santé, quand notre famille se porte bien, n'est-ce pas là un exploit dont il faut se réjouir ? Quand on a construit cette vie à partir de rien, ne mérite-t-on pas reconnaissance et applaudissements ?

Nourrissez-vous encore des regrets, chers lecteurs ? Pensez-vous encore aux chemins que vous n'avez pas empruntés ? Bien sûr, les occasions manquées seront toujours plus pesantes que celles que vous avez saisies. Voici ma solution : empruntez ces chemins maintenant. Si vous vous êtes toujours adapté à votre environnement, il est temps de vivre en harmonie avec votre nature. L'une des plus belles choses qu'apporte l'âge est la liberté, je ne me lasserai jamais de le répéter. Si les personnes dont vous aviez la charge sont adultes et que vous êtes plus ou moins stable financièrement, il est temps de suivre enfin votre cœur. Au lieu de ressasser et de regretter, soyez productifs et commencez à faire ce à quoi vous avez dû renoncer auparavant, dès maintenant, petit à petit, jour après jour.

Deux anciens hommes politiques déploraient leur situation actuelle sur un banc public. L'un d'eux déclare : « Je n'ai tenu compte des conseils de personne, et regardez où j'ai fini ! » Et l'autre de répondre : « Bon sang, je me suis toujours laissé influencer, et voyez où cela m'a mené ! »

Les regrets font partie de l'existence, quelle que soit la manière dont celle-ci s'est déroulée. Même si vous avez réussi votre vie et que vous vous sentez satisfait, on trouve toujours quelqu'un d'autre à envier. Mais ne laissez pas le poison du regret s'immiscer en vous. Acceptez les décisions que vous avez prises jusqu'à présent car votre existence est le résultat de ce que vous avez vécu du mieux que vous pouviez.

Croyez-moi, nous nous sommes tous un jour demandé : « Pour quoi ai-je vécu ? » ou « Ai-je vraiment été aux commandes de ma vie ? » Mais quoi qu'il en soit, quelle que soit la manière dont vous avez vécu, vous avez été aux commandes de votre vie. Car ce qui compte, ce n'est pas d'être satisfait du résultat de tous les petits pas que vous avez faits sur le chemin de l'existence, ce sont ces pas en eux-mêmes, que vous avez faits pour des raisons qui vous sont propres. Acceptez cette vérité : votre existence était bel et bien la conséquence de vos choix. Ainsi, vous pourrez avancer vers votre lendemain. Personne ne peut vivre deux vies à la fois. Et celle que vous avez choisie n'était pas si mal que ça, n'est-ce pas ? Alors, soyez-en fier.

TROISIÈME PARTIE

LES SECRETS D'UNE FIN HEUREUSE

CHAPITRE 1

Repentir

En cinquante ans de pratique psychiatrique, j'ai travaillé avec des dizaines de milliers de patients. Certains d'entre eux présentaient des symptômes légers, d'autres des troubles beaucoup plus graves qui les handicapaient dans leur vie quotidienne. Mais, contrairement aux affections physiques, les maladies psychologiques se diagnostiquent difficilement sur la base de symptômes externes. Il existe trop de variables dans la vie du patient susceptibles de conduire aux symptômes du moment. Même après un diagnostic formel, je m'interroge toujours sur le traitement le mieux adapté à chaque patient. Les nouveaux équipements permettent indiscutablement d'établir le diagnostic de pathologies physiques ainsi que la façon de les soigner, mais il faut beaucoup de temps à un médecin pour décider si un traitement est vraiment efficace quand il est confronté à des troubles psychologiques. Il s'agit immanquablement d'un processus solitaire et complexe.

Tous les médecins, au bout du compte, se battent pour la vie et contre la mort, ce qui engendre dans leur travail une pression indescriptible. Dans d'autres professions, même après avoir pris de mauvaises décisions, on peut avoir une chance de rédemption, mais l'erreur d'un médecin peut coûter une vie, ce qui est irrévocable. Il arrive naturellement que nous gardions au fond du cœur le souvenir de certains de nos patients, regrettant de n'avoir pas fait un choix différent qui nous aurait peut-être permis de mieux gérer la situation et de les sauver.

Je garde dans mon cœur le souvenir de quelques-uns. Un jour, un homme que j'avais examiné en vue de son enrôlement quelques années auparavant lorsque j'étais médecin militaire s'est présenté à mon cabinet. Au premier coup d'œil, j'ai vu qu'il était gravement malade. Mais, dans le diagnostic que j'avais posé en tant que stagiaire, j'avais noté que je le soupçonnais de s'inventer un problème de santé. Cela arrive encore mais, à l'époque, nous avions de nombreux cas de réfractaires qui simulaient une maladie pour se soustraire à l'armée. J'ai éprouvé un profond remords : je n'aurais pas dû tirer de conclusions hâtives, et j'aurais dû le soumettre à des examens supplémentaires pour m'assurer de l'exactitude de mon diagnostic. Cela m'a brisé le cœur de penser au nombre d'années que ce jeune homme avait été contraint de passer dans l'armée, confronté à des difficultés physiques et à la suspicion, juste à cause de mon diagnostic précipité.

Un jour, une patiente souffrant de dépression clinique a demandé à sortir pour la nuit. Comme il s'agissait d'une jeune femme sérieuse, très engagée depuis des années dans son traitement, et dont les symptômes s'étaient beaucoup atténués, j'ai donné mon accord pour qu'elle passe la nuit hors du service. Certes, j'ai pris soin d'expliquer les différents risques à ses grands-parents qui sont venus la chercher, ainsi que les règles à appliquer chez eux. Juste après leur départ, j'ai reçu un coup de téléphone de sa mère, qui se trouvait alors à la campagne. Elle avait fait un rêve inquiétant la nuit précédente et me suppliait de ne pas laisser sortir sa fille. Je l'ai rassurée : « Ne vous inquiétez pas. En tant que médecin, mes décisions vont dans l'intérêt des patients. » Mais, cette nuit-là, ma patiente s'est tuée en sautant de la fenêtre de son appartement.

J'en ai gardé une culpabilité et un regret inexprimables. Je me suis dit que j'aurais dû écouter sa mère. Et ce que je lui ai dit ce soir-là est resté logé dans mon cœur comme un poignard acéré.

Le remords est en quelque sorte une peine que l'on s'inflige à soi-même. Même si je n'avais aucune responsabilité légale et qu'aucune plainte formelle n'a été déposée à mon encontre par l'entourage de ma patiente décédée, je me suis condamné à une punition bien méritée dans un procès moral que je me suis fait à moi-même. Je me suis condamné à des années de remords déchirants.

Nous aspirons tous à une existence sans regrets mais, malheureusement, personne ne peut rester irréprochable toute une vie. Bien sûr, nous pouvons éviter de faire volontairement du mal, mais nous sommes loin d'être des divinités omniscientes : nous sommes tous appelés à commettre des erreurs en dépit de nos efforts. Les actions que je regrette le plus n'ont jamais eu pour objectif de causer du tort. Je me demande combien de souffrances involontaires j'ai provoqué ma vie durant, et combien d'erreurs j'ai pu commettre sans en être conscient. Si je devais les compter, la liste serait certainement interminable.

Mon ami le médecin népalais Rajbhandari m'a un jour emmené en randonnée sur le Kalinchowk, une montagne du Népal. Nous avons grimpé des centaines de marches jusqu'au sommet où se dressait un temple hindou. Nous y avons médité un moment avant de repartir en empruntant l'autre flanc de la montagne. Naturellement, il nous fallait descendre des centaines de marches. Avant que j'aie pu poser le pas sur la première, Rajbhandari m'a demandé : « Docteur Rhee, avez-vous déjà péché ? »

J'ai hésité un instant. Comme je ne me rappelais pas avoir déjà voulu blesser quelqu'un, j'ai répondu : « Je ne crois pas... »

« On dit que les pécheurs seront maudits s'ils descendent cet escalier », m'a alors expliqué mon ami.

Pendant tout le trajet du retour, j'avais les jambes qui flageolaient et le corps affreusement crispé. Rajbhandari a fini par éclater de rire, avouant qu'il plaisantait. Il n'empêche que, pendant toute la descente, je n'en menais pas large.

Oui, j'ai forcément péché, même sans le savoir. Réfléchissons un instant : en soi, la vie est un processus d'échanges. Même ceux qui prétendent ne rien devoir à personne n'existent que grâce au monde où nous vivons. En effet, d'où viennent notre eau potable, notre nourriture ou l'air dont nous dépendons pour respirer ? Nous devons ces moyens de subsistance essentiels à d'autres formes de vie sur cette planète. Combien d'entre elles ont été sacrifiées et anéanties pour notre survie ? Le destin de l'humain est de faire du mal, simplement parce que nous existons. Alors, qui suis-je pour dire que je n'ai pas péché ?

Les Népalais estiment leur espérance de vie moyenne à cent ans, qu'ils divisent en quatre phases de vingt-cinq ans chacune. La première phase va de la naissance à vingt-cinq ans, période d'éducation et d'apprentissage. La deuxième phase s'étend de vingt-six à cinquante ans, phase durant laquelle on met en pratique ce que l'on a appris précédemment. La troisième étape, entre cinquante et un et soixante-quinze ans, est celle du repentir.

La dernière période, de soixante-seize à cent ans, consiste à se libérer de la matérialité. Nous reviendrons plus tard sur cette quatrième phase mais, pour le moment, concentrons-nous sur le repentir. Pourquoi les Népalais ont-ils mis le remords au cœur de cette troisième phase de la vie alors que l'idéal serait de passer le peu de temps dont on dispose à jouir des fruits de son travail et d'une certaine tranquillité d'esprit ?

Je vais vous expliquer pourquoi. Erik Erikson, psychanalyste influent du vingtième siècle, a identifié huit stades de développement psychosocial que chaque personne traverse au cours de sa vie. La dernière de ces huit étapes se situe à la fin de l'âge adulte, à partir de soixante-cinq ans, et souligne l'importance de l'intégrité de l'ego. Celle-ci signifie que l'on est capable d'accepter sa vie telle qu'elle est et a été, avec ses bons et ses mauvais côtés. En d'autres termes, Erikson affirme qu'à cet âge, il faut évaluer sa vie passée de façon saine et positive malgré les erreurs et les fautes commises tout au long de notre parcours. Oui, comme les Népalais ! Ce n'est qu'en atteignant l'intégrité de l'ego que nous pouvons affronter la fin de notre vie avec sérénité, sans succomber au désespoir. Nous y trouvons un véritable sentiment de liberté.

Aussi, arrivé à un âge avancé, chacun d'entre nous doit se repentir. Il ne faut pas se contenter de faire le compte de ses fautes passées mais prendre un véritable recul pour dresser le bilan de sa vie afin d'identifier tout le mal que l'on a pu causer, même involontairement, et toutes les personnes que l'on a pu blesser inconsciemment, ainsi que les péchés que l'on a refoulés sans trop se poser de questions. La honte et les remords que vous avez enfouis au fond de vous font aussi partie de votre vie. Pour que vos derniers jours se déroulent sereinement, vous devez les accepter dans leur intégralité.

CHAPITRE 2

Le bonheur de pardonner

Un jour, une femme d'un certain âge est venue me voir en consultation. Elle m'a confié que sa belle-mère était mourante mais qu'elle n'arrivait toujours pas à accorder son pardon à cette femme qui l'avait tant malmenée lorsqu'elle était jeune mariée. Elle est même allée jusqu'à dire qu'elle tremblait encore de rage à la simple vue du visage émacié de sa belle-mère gisant sur son lit de mort, cette vision faisant ressurgir de terribles souvenirs. Chaque fois, elle tentait de se calmer en se répétant : « Sois bienveillante, elle n'en a plus pour longtemps. » Pourtant, lorsqu'elle voyait sa belle-mère, elle sentait immanquablement son estomac se nouer de fureur et sa gorge se serrer. Cette détresse émotionnelle semblait ronger son corps.

En tant que psychiatre, j'ai croisé de nombreuses personnes psychologiquement brisées par leurs proches : parents abusifs sur le plan émotionnel ou financier, conjoints infidèles, partenaires commerciaux crapuleux, beaux-parents tyranniques... Quels que soient leurs agresseurs, ces victimes avaient toutes terriblement souffert, et toutes se sont plaintes du ressentiment et de la colère qui leur durcissaient le cœur. Et, croyez-moi, il était malvenu d'évoquer le pardon avec ce type de patients. Certains pourraient être tentés de lancer : « Pourquoi continuer à souffrir ainsi ? L'eau a coulé sous les ponts, il est temps de lâcher prise. » Cela revient seulement à remuer le couteau dans la plaie. Certes, les torts évoqués se sont produits dans le passé, mais la souffrance est au présent.

Le moins que l'on puisse dire, c'est qu'il n'est pas facile de pardonner. Souvent, celui ou celle à qui l'on en veut est un proche. En effet, il est rare de se sentir meurtri à ce point par quelqu'un dont on peut facilement se détacher. Rien n'est plus terrible que d'être blessé par une personne que l'on voit tous les jours, parfois par une personne qui nous aime. Souvent, nous avons tendance à entretenir une relation d'amour-haine avec l'auteur de nos souffrances. Il est difficile d'arrêter net une telle relation. En tentant d'éliminer cette personne de notre vie, nous risquons de nous faire du mal.

C'est encore plus douloureux lorsque ceux qui nous ont infligé tant de peine refusent de reconnaître combien nous en souffrons. Pour eux, le passé, c'est le passé. Même quand ils s'excusent, ils prennent les choses à la légère. Pire encore, certains ne présenteront jamais d'excuses. Ils peuvent même réagir avec désinvolture en nous reprochant de nourrir des rancœurs. Cette forme d'impudence constitue une véritable provocation. Pour eux, la vie continue normalement tandis que les victimes doivent porter le fardeau du pardon.

En conséquence, pardonner est une tâche ardue. Les religions et leurs prophètes ont toujours souligné l'importance du pardon tant il est difficile à accorder. Cependant, il vient toujours un moment où il faut pardonner. Sans cela, vous serez confiné dans le ressentiment, vous continuerez de souffrir sans entrevoir d'issue à cet enfer. Si ma patiente ne parvenait pas à pardonner, ce ne serait pas sa belle-mère mais bel et bien elle-même qui continuerait à souffrir. Autrement dit, le pardon est un choix à opérer pour votre propre bien. Pour paraphraser un dicton bouddhiste, le ressentiment est un charbon ardent que vous tenez en main pour le jeter sur quelqu'un, mais c'est vous qui finissez par vous brûler.

La brûlure du ressentiment ne se transforme pas toujours en impulsion pour se venger de la personne qui vous a blessé. Parfois, son feu vous consume simplement votre vie durant. Aussi, même si c'est difficile, vous devez apprendre à oublier vos rancœurs. Ne gaspillez pas votre courte vie et votre énergie limitée à haïr quelqu'un. Quoi qu'il arrive, la vie consiste essentiellement à rechercher le bonheur. Si vous voulez être libre dans votre quête du bonheur, vous devez aborder la question du pardon dès à présent. Vous devez apprendre à pardonner.

Bien sûr, ce n'est pas un exploit qu'on réalise du jour au lendemain. On peut commencer à se sentir mieux pour, le moment d'après, se mettre à bouillonner de rage et, même en dehors de tout contexte, se retrouver à trembler de colère. Par conséquent, ne vous précipitez pas dans le pardon. Pardonnez peu à peu, autant que vous le pouvez à chaque fois. Je recommande les trois étapes suivantes pour ceux qui ont décidé se lancer dans ce processus.

En premier lieu, prenez du recul. Plus vous éprouverez de rancœur, plus vous voudrez recevoir des excuses. Malheureusement, il est rare que le responsable de nos souffrances s'agenouille devant nous pour implorer notre pardon. Oubliez cette idée – celle que votre pardon est conditionné aux excuses. Oubliez même cette décision de pardon en elle-même, et contentez-vous de prendre vos distances vis-à-vis de votre rancune. Protégez-vous de ce souvenir qui vous a blessé en décidant qu'il vous laisse indifférent. Vous devez d'abord vous prémunir de ce ressentiment toxique en ne vous attendant plus à recevoir d'excuses.

Certains pourraient se demander que faire s'ils doivent affronter quotidiennement les auteurs des faits. Certes, ce serait plus facile si vous pouviez les évacuer complètement de votre vie. Mais ce qui importe avant tout, c'est la distance psychologique que vous serez capable d'établir par rapport au souvenir qui vous fait souffrir. Comme l'affirme un dicton que j'ai entendu autrefois, « en vouloir à quelqu'un, c'est comme être piqué à mort par une seule abeille ». Le ressentiment enfle quand on ressasse la douleur et que les blessures passées accaparent votre présent. Ma patiente ressentait toutes les maltraitances de sa belle-mère comme si c'était hier. Dans ce cercle vicieux, vous êtes le seul à être blessé, encore et encore. Alors, choisissez de mettre une distance suffisante entre vous et la rancœur qui vous consume, pour votre propre bien. C'est la première étape à franchir pour pardonner.

Ensuite, une fois que vous aurez pris du recul et que vous aurez plus d'espace pour la réflexion, essayez d'examiner votre traumatisme sous un nouvel angle. En établissant une certaine distance entre vous et ce souvenir douloureux, vous serez mieux à même de réévaluer et comprendre. Cela ne signifie pas que les torts de l'auteur des faits disparaîtront comme par magie une fois que vous aurez compris son point de vue, mais l'exploit de pardonner sans oublier devient possible quand on appréhende la blessure d'une manière nouvelle.

Enfin, pardonnez-vous. Laissez-moi vous raconter une histoire de jeunesse. À chaque grande fête coréenne, j'avais coutume de rendre visite à mon ancien professeur et, mes finances étant limitées à l'époque, je peinais à trouver un présent correct à lui apporter. Comme je ne pouvais me permettre les cadeaux de fête luxueux des grands magasins, je voulais au moins me montrer attentionné. C'est ainsi que j'ai eu l'idée de lui offrir des pommes. Je me suis donc rendu dans un verger en périphérie de la ville, j'ai choisi les plus beaux fruits, j'en ai rempli un panier en bambou et je suis allé chez mon professeur. Celui-ci m'a accueilli chaleureusement et a accepté mon cadeau avec grâce. Une semaine plus tard, j'ai eu l'occasion d'entrer dans sa maison lors d'une autre visite et j'ai aperçu mon panier dans un coin du salon. Me voyant fixer les pommes, l'épouse de mon professeur a déclaré avec un sourire : « Oui, il y a encore des péquenauds pour offrir ce genre de cadeaux démodés… »

Ses paroles ont transpercé mon cœur comme une flèche empoisonnée. Par la suite, je n'ai plus jamais apporté de cadeaux à mon professeur. J'en voulais à sa femme de m'avoir traité de la sorte malgré mes bonnes intentions. À l'époque, ma blessure était telle que je jugeais son comportement inexcusable. Je ne parvenais pas à trouver en moi la force de lui pardonner. Chaque fois que je la voyais, je me remémorais mon humiliation.

Avec les années et l'expérience, je me demande si cet événement exigeait vraiment un pardon de ma part. Quand j'étais plus jeune, il existait une limite claire entre mes erreurs et celles des autres – ce pour quoi j'avais besoin de m'excuser auprès des autres, et ce pour quoi je m'attendais à ce que les autres s'excusent auprès de moi – mais, en vieillissant, cette limite est devenue de plus en plus floue. Qui doit pardonner à qui ? Permettez-moi de me pardonner à moi-même. Si je ne pardonne pas d'abord à la personne pleine de colère et de rancune que je suis, qui me pardonnerait pour toutes mes erreurs ?

Avec le recul, j'ai compris que l'épouse de mon professeur s'était seulement montrée honnête. Mais j'ai pris cela comme un affront personnel. En me pardonnant à moi-même, c'est-à-dire en me pardonnant mon étroitesse d'esprit qui a transformé cette franchise en attaque personnelle, ainsi que le ressentiment que j'ai si longtemps éprouvé envers elle sur la base d'un incident unique, je me suis libéré du traumatisme de mes « pommes démodées ». Si j'avais pu le faire plus tôt, je me serais sentie tellement plus libre ! J'ai beaucoup regretté d'avoir gâché en récriminations le temps que j'aurais pu passer à profiter d'une meilleure relation avec mon professeur et sa femme.

Pardonner aux autres, c'est accomplir seulement la moitié du chemin. Se pardonner à soi-même, c'est le pardon indéniable et entier – autrement dit, la libération des ressentiments qui n'emprisonnaient personne d'autre que soi-même. Dans *Guerre et Paix*, Tolstoï a écrit : « Si vous pensez que quelqu'un vous a fait du tort, oubliez et pardonnez ! Alors, vous connaîtrez le bonheur de pardonner. Nous n'avons pas le droit de punir. »

Pourquoi ne pas décider de pardonner à ceux qui vous ont fait du tort ? Peut-être n'êtes-vous pas prêt maintenant, mais laissez-vous du temps. Prenez du recul, réfléchissez et revenez sur les événements douloureux. Ce n'est qu'en étant libéré du ressentiment que vous pourrez être en paix avec votre vie. En vieillissant, on prend conscience que le pardon est une tâche qu'on ne peut pas éternellement remettre à plus tard.

CHAPITRE 3

Il n'est pas difficile d'être bien entouré

À Chuncheon, en Corée du Sud, il existe un endroit appelé « La Maison incommode ». Et, incommode réalité en effet, pour se rendre dans ce lieu niché au fond d'une vallée, il faut emprunter le bus local qui circule seulement trois fois par jour, unique moyen de transport public dans la région. La plomberie étant défaillante, hors de question de prendre des douches chaudes : vous devrez vous contenter d'une rapide toilette à l'eau froide et en plein air au bord d'un petit ruisseau. La cuisine étant rudimentaire et l'usage de détergent strictement interdit, il vaut mieux aimer les pommes de terre cuites à la vapeur, car elles constituent la majeure partie des repas. Pour les besoins naturels, vous trouverez des toilettes sèches bien entretenues à l'extérieur, dans lesquelles on verse de la cendre et des copeaux de bois après usage pour le processus de compostage naturel. Il n'y a pas de magasin à proximité, et la maison est dépourvue de télévision ou de radio.

La maison a été bâtie par Choi Sung Gak, écrivain et écologiste, avec l'aide de son association Nature Peace Lab. Il a ouvert cette maison afin de donner aux citadins l'occasion de réfléchir sur notre mode de vie moderne où le gaspillage est roi. En échange de cette incommodité, les invités découvrent de précieux cadeaux lors de leur séjour : le chant des oiseaux, la mélodie du ruisseau, les myriades de petits insectes ailés ou non, des fleurs sauvages comme les asters et les hémérocalles, ainsi que la quiétude et le réconfort que la ville ne peut pas vous offrir.

J'ai fait la connaissance de Choi en 1999 lorsqu'il a fondé une association écologiste appelée Le Monde des plantes fleuries. Après son déménagement à Chuncheon, j'ai rapidement entendu parler de la Maison incommode et je l'ai visitée avec mon fils. C'était de toute évidence un lieu chaleureux et accueillant où transparaissait la touche romantique de l'auteur. Après notre séjour, je ne cessais de penser à cette maison. Enfin, un jour d'automne, quelques années plus tard, j'ai envoyé à Choi une demande de réservation par e-mail. Je lui ai expliqué qu'un octogénaire, un septuagénaire et un sexagénaire allaient lui rendre visite, et j'ai reçu cette réponse : « Trois vieilles âmes, c'est noté. »

J'ai répondu : « Pas de vieilles âmes, juste trois garçons pensifs. »

En dehors de moi, les deux autres garçons étaient Park Jong Rock, un camarade plus âgé rencontré lors de mes études en sciences culturelles à l'Université virtuelle de Corée, un homme réputé pour sa diligence et son engagement sincère pour le développement des communautés provinciales ; l'autre était Ban Eul Seok, qui avait apporté à l'une de mes interventions littéraires un exemplaire de mon premier livre consciencieusement annoté et m'avait invité à plusieurs reprises à des discussions passionnées sur l'existence. Ayant longtemps travaillé à l'étranger, Ban était maintenant à la retraite et menait une vie tranquille en Corée avec sa femme.

Nous sommes devenus bons amis après un voyage au Népal en 2015. Nous vivions tous selon la devise suivante : « même si nous mourons demain, il faut qu'on s'amuse comme on l'entend », et nous nous invitions toujours mutuellement à partager toutes nos activités. Notre désir d'entretenir curiosité et enthousiasme nous a tellement rapprochés que, pour rire, nous nous qualifiions de « garçons ». Pour éviter le ridicule, chers lecteurs, nous accolions à cette appellation l'adjectif « pensifs », puisque la réflexion était au cœur de nos échanges.

Nous avons programmé une expédition de trois jours pour nous rendre à la Maison incommode. Tout comme les jeunes d'aujourd'hui, nous avons partagé les frais de voyage au lieu de suivre la tradition coréenne qui veut que le plus âgé et le mieux doté financièrement paye. Bien sûr, nous n'étions pas habitués à cette pratique mais, pour nous autres seniors, il peut être amusant d'imiter les jeunes de temps à autre. Pour notre première escale, nous nous sommes arrêtés dans un restaurant de poulet sauté épicé que nous avait fortement recommandé Choi Sung Gak. Et nous sommes tout bonnement tombés amoureux du propriétaire. Sans que nous le demandions, celui-ci se précipitait pour nous resservir en accompagnements avant même que nous n'en manquions. Tous ceux qui entraient dans l'établissement constataient que le propriétaire était vraiment aux petits soins. Sur le mur, il était écrit que le restaurant livrait partout dans le pays. L'une de mes connaissances, aide-soignant, travaillait alors bénévolement dans une maison de retraite voisine. J'y ai fait livrer cinq portions de poulet sauté, espérant surprendre cet homme et, par la même occasion, montrer ma reconnaissance au propriétaire pour son hospitalité.

Nous sommes arrivés à la Maison incommode en fin de soirée et avons passé du temps avec M. Choi jusque tard dans la nuit. Qu'il était agréable de sortir de notre routine citadine et de simplement se détendre ! Nous avons compté les étoiles et bavardé comme des gamins. Comme l'a déclaré Choi lui-même, « cette maison est faite de poèmes ». Cette nuit-là était une poésie en soi.

Le lendemain matin, nous sommes partis pour Goseong, mais nous nous sommes d'abord arrêtés au Musée national de la montagne à Sokcho. Le conservateur nous l'a fait visiter, et le lieu s'est avéré fascinant. Cependant, je me suis aperçu qu'il manquait de pièces de collection pour illustrer la longue histoire de la randonnée en Corée du Sud, contrairement aux musées étrangers qui exposent d'anciens enregistrements et des souvenirs de randonneurs célèbres. J'ai demandé au conservateur si je pouvais faire don de quelques objets personnels. À vrai dire, ils n'avaient pas une grande valeur, il s'agissait juste d'une photographie de moi et de Sir Edmund Hillary, premier homme à atteindre le sommet de l'Everest, signée de son nom ; d'une pierre que Nam Sun Woo, un légendaire randonneur coréen, avait ramenée de son ascension en solitaire de l'Everest, ainsi qu'un edelweiss séché du Khumbu offert par Ang Dorje Sherpa, guide de montagne népalais. Le conservateur a aimablement accepté mes dons, comprenant que j'espérais voir ma petite contribution constituer le début d'une véritable collection.

En rentrant de notre périple de trois jours, j'ai reçu un message de mon ami aide-soignant qui me remerciait pour le poulet sauté. Mais c'est moi qui aurais dû le remercier : j'avais une chance inestimable de connaître toutes ces personnes, et cela a suffi à rendre mon voyage inoubliable. M. Choi avait créé un lieu où je pouvais profiter de la nature tout mon soûl et, grâce aux deux autres « garçons », cette expédition s'était révélée aussi mémorable que joyeuse. Et que dire du propriétaire de ce fameux restaurant ? Son excellente cuisine et son service irréprochable m'ont permis d'envoyer un cadeau surprise à une connaissance et de partager un autre moment de gratitude. Et n'oublions pas le conservateur qui, loin de s'offusquer de ma proposition de dons, a généreusement intégré mes pièces à la collection du musée. Je n'ai rien fait d'autre que de convier deux personnes à partager mon petit périple et pourtant, j'ai été récompensé par une joie bien plus grande que j'aurais pu l'imaginer. J'ai mille raisons d'être reconnaissant, ne croyez-vous pas ?

Peut-être vous demandez-vous pourquoi je vous raconte cette histoire, chers lecteurs ? Je veux simplement vous montrer qu'en vieillissant, il vaut mieux être sociable que solitaire ; il faut voyager, étudier, faire du bénévolat. À mesure que notre quotidien devient plus routinier, le rayon de nos activités rétrécit et nos liens sociaux se raréfient. Qu'est-ce qui rend la vieillesse difficile ? À mon sens, c'est l'isolement social. Pour échapper à la malédiction de la solitude, nous devons faire en sorte de bien nous entourer. Comment y parvenir ? Le moyen le plus simple est de pratiquer des activités collectives. Vous voulez partir en voyage ? Tout d'abord, creusez-vous la cervelle pour dénicher la plus merveilleuse des destinations. Ainsi, vous trouverez aisément des compagnons de voyage qui partagent vos goûts. En réfléchissant bien, vous trouverez bien une ou deux personnes dans le pays à inviter en voyage. N'hésitez pas et contactez-les. Commencez modestement : si vous avez apprécié un plat, partagez-le plus tard avec quelqu'un. Cela peut sembler trivial, mais c'est l'acte de partager en lui-même qui compte. Qui rejetterait quelqu'un d'aussi attentionné et engageant ?

Certaines personnes m'envient car elles s'imaginent que je suis intégré à de nombreux groupes sociaux et que j'entretiens nombre d'amitiés profondes. On me considère souvent comme une sorte de papillon social capable d'établir des liens solides avec les gens, comme un homme qui maîtrise parfaitement sa vie, doté d'une personnalité magnétique, qui attire les autres sans effort. En réalité, ce n'est pas comme si les gens se bousculaient pour frapper à ma porte : je suis généralement le premier à établir le contact avec eux. Mon secret ? Rester simple et humble. Quand on réfléchit trop et qu'on veut trop bien faire, on hésite souvent à passer à l'action. Contentez-vous de partager ce que vous pouvez dans l'instant présent, qu'il s'agisse d'un bon plat ou d'un bel objet, et invitez les autres à s'associer à vos passions du moment, tout comme j'ai invité mes amis les « garçons pensifs » à se joindre à mon expédition. C'est moins stressant pour tout le monde, et ce genre d'interaction jouera davantage en votre faveur. En l'absence de pression, vous avez de meilleures chances de transformer cette première rencontre en une relation plus marquante à l'avenir. C'est grâce à cette philosophie apparemment insignifiante que je suis parvenu à créer de nouvelles relations épanouissantes même à mon âge avancé.

Il n'y a pas de moment idéal pour entrer en contact avec quelqu'un, et on ne trouve pas toujours de bonnes choses à partager. La meilleure façon de créer un lien est de partager ce moment précis, ici et maintenant, de faire avec d'autres ce que vous vous apprêtiez à faire seul. Le partage est le meilleur moyen de rapprocher les gens. Avant de vous plaindre de la solitude, creusez-vous d'abord la cervelle : je vous promets que si vous cherchez bien, vous trouverez une personne ou deux sur lesquelles compter en période de solitude. Invitez-les sans faire de manières. Un geste aussi simple peut souvent conduire à une joie indicible.

CHAPITRE 4

Trouvez votre refuge

Je suis ami avec Rajbhandari depuis trente-huit ans. Lors de notre première rencontre, il était président de la NEA (Nepal Epilepsy Association) et il m'a demandé de l'aider à résoudre le problème de la pénurie de médicaments antiépileptiques dans son pays. J'ai alors commencé à faire des dons de ces médicaments au Népal, et c'est lui qui m'a incité à fonder l'association officielle de bénévoles basée à l'hôpital universitaire d'Ewha et à organiser chaque année des activités au Népal.

Maintenant que je suis âgé, j'ai passé le relais : mes anciens collègues plus jeunes ont repris les rênes et gèrent le voyage annuel au Népal, mais je suis resté en contact avec Rajbhandari tout au long de cette aventure. L'année dernière, il m'a écrit pour partager une excellente nouvelle : pratiquant assidu de la méditation depuis des dizaines d'années, il avait enfin reçu le certificat validant le niveau le plus élevé de formation en méditation.

Lors de notre première rencontre, il m'avait vanté les bienfaits de la méditation, me répétant que si seulement un pour cent de la population mondiale méditait régulièrement, nous vivrions dans un monde beaucoup plus paisible. Suivant son exemple, je me suis essayé à diverses formes de méditation afin de trouver un équilibre intérieur. Les moments que j'ai passés à faire de la randonnée, à prier dans les temples et à méditer avec Rajbhandari demeurent parmi les plus enrichissants de mon existence.

Ma vie de psychiatre en Corée du Sud a toujours été tumultueuse. J'ai souvent éprouvé moi-même une grande tristesse en écoutant mes patients exprimer leur douleur. Notre société moderne compétitive ne nous autorise pas à nous attarder longtemps sur un souvenir. Ma génération en particulier était beaucoup trop occupée pour ressasser le passé. Bien sûr, il m'arrivait parfois de me sentir épuisé et vidé. Mais la réalité ne manquait jamais de me rappeler à l'ordre, et je me relançais de plus belle dans mes activités. Ce que j'ai découvert au Népal, c'est le luxe d'un cœur plus léger. Entouré des montagnes, j'ai savouré la générosité des Népalais qui m'ont appris à prendre du recul et à me détendre. Dans ces moments-là, je pouvais vraiment lâcher prise. Voilà sans doute pourquoi on me disait que j'avais l'air différent chaque fois que je rentrais du Népal. Et je ne pouvais qu'être d'accord. Sans le Népal, mon foyer spirituel, j'aurais probablement craqué bien avant ma retraite.

Un jour, Rajbhandari et moi sommes passés devant une statue de Bhairava sur la place du Darbâr de Katmandou. Les gens fixaient des pièces de monnaie sur cette statue et lui rendaient hommage, mains jointes. Dès qu'ils avaient fini de prier, de petits enfants se précipitaient sur la statue pour ramasser les pièces. Cependant, les fidèles partaient comme si de rien n'était, bien qu'ils aient clairement vu toute la scène. Leur réaction imperturbable face à ce comportement irrespectueux me laissait perplexe, et j'ai demandé à Rajbhandari si quelque chose m'avait échappé. Il a répondu : « Les fidèles ont dédié ces pièces au dieu. Les pièces appartiennent maintenant à Bhairava, pas à eux. »

Il entendait par là que les pièces de monnaie qui avaient quitté les mains des fidèles n'étaient plus de leur ressort : le destin de cet argent dépendait désormais du seul dieu. En entendant ses paroles pleines de sagesse, une scène du passé a ressurgi dans ma mémoire.

En Corée, lors de l'anniversaire du Bouddha, je me suis rendu un jour au temple de Gwanchoksa à Nonsan. Les fidèles formaient une longue file devant la statue du Bouddha Maitreya pour lui offrir des lumières. J'ai vu une dame d'un certain âge déposer une bougie particulièrement grande puis refuser de laisser place à la personne suivante. Dans ce genre de contexte, il est d'usage que les fidèles restent poliment à l'écart après avoir fait leur offrande, mais cette femme ne voulait pas bouger. Sous mes yeux, une moine bouddhiste est venue allumer sa bougie à la flamme de celle de cette dame qui l'a alors copieusement houspillée. Elle semblait croire que, par ce geste, la moine lui portait malchance.

Dans notre société moderne, nous constatons souvent que même la culture de l'hommage et du respect est devenue compétitive, ce qui est pour le moins atterrant. Mais, à mon sens, le Népal faisait exception à la règle : les Népalais n'ont jamais cessé de s'interroger sur ce qui leur appartenait vraiment et sont restés vigilants vis-à-vis des souffrances et des conflits inutiles que la cupidité pouvait provoquer. Grâce à cette perspective, lors de mes séjours dans le pays, j'ai appris à réprimer mes tendances inconscientes à la convoitise. Grâce à la méditation, j'ai également réussi à mieux contrôler mes impulsions égocentriques une fois de retour en Corée.

Il y a six ans, au Népal, je me suis rendu à Dolkha pour la première fois depuis vingt ans. Notre groupe de volontaires avait choisi ce village de montagne pour notre premier voyage et, à l'époque, il était isolé et peu peuplé. À la fin de chaque journée, je faisais l'ascension du Kalinchowk. À mi-chemin se trouvaient une cabane où méditait un yogi et, au sommet, un temple hindou inhabité. En gravissant la montagne dans ce calme sublime et vierge, j'avais toujours l'impression d'être dans les bras d'un dieu, et chaque pas était une forme de méditation.

Mais, au cours des vingt années qui s'étaient écoulées depuis ma dernière visite, Dolkha avait prospéré au-delà de tout ce que j'aurais pu imaginer. Une route pavée, sur laquelle un petit véhicule pouvait circuler, menait désormais directement à la base de Kalinchowk. Le voyage qui, auparavant, prenait des jours, s'effectuait maintenant en quelques heures. J'ai donc changé mes plans : au lieu de rester au village, j'ai conduit jusqu'à la montagne. Là où se dressait autrefois la cabane du yogi, j'ai vu des chambres d'hôtes et des cafés. Kalinchowk était devenu une attraction touristique en plein essor. C'était vraiment un autre monde.

En revanche, l'environnement était resté le même : les plantes et les fleurs le long de la route, les bruits de la faune, le ciel bleu, le vent et la tranquillité. J'ai retrouvé l'endroit où j'avais pris l'habitude de méditer vingt ans plus tôt et j'y ai monté une petite tente. La société a peut-être changé, mais pas l'essence de l'Himalaya. Je me suis laissé aller à un repos bienfaisant, affrontant l'anxiété, la peur, la colère et le vide qui couvaient en moi à mesure que je vieillissais. Mon esprit agité s'est lentement apaisé. Un sourire s'est dessiné sur mon visage. Je n'ai pas pu rester longtemps à cause du mal des montagnes mais, là-bas, je me suis senti plus dans mon élément que partout ailleurs dans le monde.

La vie quotidienne à l'ère moderne est trépidante, et ce qui la rend ainsi échappe généralement à notre contrôle. Nous devons répondre aux exigences de notre employeur pour gagner notre vie et construire notre existence autour de nos responsabilités et de nos devoirs envers notre famille. Il n'est donc pas surprenant qu'on finisse par se sentir seul et vide face à cette question lancinante : où est ma vie, et qui suis-je dans tout cela ?

Anthony Storr, regretté psychiatre britannique, a écrit que la vie est une pièce de monnaie dont les faces affichent des désirs opposés. L'une nous pousse à créer des liens avec les gens, l'autre nous incite à revenir à notre moi véritable dans la solitude. Cette dualité existe non seulement dans les relations sociales, mais aussi dans nos relations professionnelles et amoureuses. Nous croissons à travers nos responsabilités et nos devoirs et apprenons à trouver de la joie dans les sacrifices et l'action solidaire mais, au fond, nous sommes également animés d'un désir irrésistible de vivre pour nous-mêmes. Le paysage de la vie s'assombrit lorsque nous ne parvenons pas à maintenir l'équilibre entre ces deux désirs contradictoires. Or, nous avons tous besoin de cet équilibre afin d'accomplir nos devoirs sans nous perdre en chemin.

Tout cela pour dire qu'heureusement, j'ai deux mondes : au Népal, j'ai le sentiment de pouvoir me relâcher complètement, je peux y oublier le monde matériel ; après quoi je rentre en Corée du Sud où je mène une vie normale sans m'épuiser. Vivre avec un champ visuel réduit conduit inexorablement à l'épuisement. C'est pourquoi je rappelle toujours à mes étudiants et à mes collègues médecins qu'il est essentiel de disposer d'un espace et d'un temps à soi. Je les invite à ne pas s'oublier eux-mêmes dans leurs responsabilités et devoirs écrasants. Vous n'aurez peut-être pas besoin d'aller jusqu'au Népal, mais laissez-moi vous dire, chers lecteurs, qu'il vaut mieux trouver ce refuge crucial le plus tôt possible. Lorsque vous aurez besoin d'un répit, lorsque les marées de la solitude et du vide commenceront à déferler sur vous, il vous sera probablement très difficile d'en trouver un en claquant des doigts.

Quarante-deux ans se sont écoulés depuis mon tout premier voyage au Népal. Je ne saurais dire à quel point ce séjour a positivement changé mon existence. Les jours qui me restent à vivre étant comptés, j'ignore comment je pourrai rendre la pareille aux Népalais. Tout ce que je peux faire, c'est adresser une autre prière au Népal et à l'Himalaya. Mon refuge.

CHAPITRE 5

Mon amie pour la vie

« Je suis devenu difforme par ta faute. Mon cou s'est étiré à force d'attendre tes lettres, et mon bras droit s'est allongé à force de t'écrire. »

Cette citation est tirée d'une des lettres d'amour que j'ai écrites il y a de nombreuses années à ma femme. Un jour, elle me l'a fait lire devant toute la famille. Mes enfants ont été pris d'un fou rire en entendant ces phrases aussi mièvres que maladroites, et ils avaient du mal à croire que j'en étais l'auteur. Ma femme et moi ne nous étant jamais comportés en tourtereaux devant nos enfants, ils n'auraient jamais imaginé que j'étais capable d'un tel romantisme.

Pourtant, ces mots reflètent exactement ce que je ressentais au moment où j'ai écrit cette lettre. J'ai rencontré ma femme à l'âge de quatorze ans. C'était une amie de ma sœur, et elle venait souvent passer du temps chez nous. Tout au long de notre scolarité, nous nous sommes comportés en frère et sœur.

Tout a changé lorsqu'elle est partie à l'université à Séoul. Un jour, j'ai appris que quelqu'un lui avait arrangé un rendez-vous avec un garçon. Sitôt que j'ai appris cette nouvelle, mon cœur s'est mis à palpiter d'angoisse dans ma poitrine. Je me suis rendu compte que je ne pouvais pas renoncer à elle. J'ai couru à la poste pour acheter une centaine de cartes de vœux. Puis j'ai commencé à lui envoyer une lettre chaque jour pour la séduire.

Celle que ma femme a lue devant mes enfants fait partie de ces missives. Je n'ai pas osé relire mon courrier de ces années où je lui faisais la cour, mais je sais que j'ai dû beaucoup m'épancher ! En définitive, touchée par tous mes efforts, elle a fini par devenir ma femme.

Malgré ces débuts pleins de romantisme, notre vie commune n'a pas démarré dans les meilleures conditions. Tout d'abord, j'étais pauvre comme Job. Depuis la mort de mon père et la faillite de l'entreprise familiale, j'étais endetté jusqu'au cou. Pire encore, j'ai purgé une peine de prison pour avoir été, durant mes études, l'un des meneurs de la Révolution d'avril, un mouvement démocratique contre le président dictateur Rhee. Après ma libération, j'ai eu beaucoup de mal à trouver un emploi. Nous avons donc entamé notre vie de couple dans un studio et nous avons passé notre voyage de noces dans une tente au sommet d'une montagne. Aujourd'hui encore, ma femme me demande parfois avec humour comment j'ai eu le courage de la demander en mariage. Je ne le comprends même pas moi-même. Mais si j'avais su quelles difficultés je lui imposerais avant que je ne trouve enfin un emploi stable – elle a dû élever quatre enfants et s'occuper de sa belle-mère, en sus de ses propres études –, je ne sais pas si j'aurais eu l'audace de lui demander de m'épouser.

Avec le temps, petit à petit, nous nous en sommes sortis, mais ma femme ne pouvait pas s'attendre à une vie facile. Rétrospectivement, j'ai toujours été un peu naïf vis-à-vis des questions financières. Ma mère n'a jamais parlé d'argent avec moi, probablement pour me protéger. Je n'ai aucune idée du prix d'une maison décente, du montant de nos dépenses mensuelles, de quelle banque offre le meilleur taux d'intérêt, etc. Ma femme a toujours été plus avisée que moi en termes de finances, c'est elle qui a dû prendre petites et grandes décisions financières à ma place puisque je n'y connaissais rien. En grandissant, mes enfants se sont souvent plaints du fait que leur mère ne déliait jamais les cordons de sa bourse, mais sa nature économe était due au fait qu'elle m'avait épousé, moi qui avais été pauvre et trop laxiste en matière d'argent.

Malgré cela, j'ai toujours eu les yeux plus grands que le ventre et manifesté une générosité à l'encontre de toute prudence. J'ai fait don de matériel médical et même d'un bâtiment dans le cadre de mon travail bénévole au Népal et à l'orphelinat de Gwangmyeong. En tant que psychiatre, j'ai introduit de nouvelles méthodes tels que le psychodrame et l'art-thérapie, ce qui nécessitait des fonds non négligeables. Quand des personnes dans le besoin venaient chercher de l'aide, je me suis toujours efforcé d'apporter ma contribution personnelle, qu'il s'agisse de mon temps, de mes connaissances, d'espace ou d'argent. En conséquence, ma femme a toujours été victime de mes caprices financiers. Si je suis un idéaliste, mon épouse est la voix de la raison qui navigue avec précaution entre ses idéaux et la réalité. Sans elle, il y a longtemps que j'aurais déposé le bilan. Certains me félicitent pour mon action humanitaire, mais ceux qui me connaissent vraiment complimentent toujours ma femme pour sa sainte patience.

Et permettez-moi de vous dire, cher lecteur, qu'il m'arrive de m'interroger : comment se fait-il que ma femme soit restée avec moi, qui suis bourré de défauts, pendant près de soixante ans ? C'est probablement parce que, en tant qu'universitaires – elle sociologue et moi psychiatre –, nous partageons les mêmes valeurs. Nous croyons tous deux à l'importance d'une relation saine entre les individus et dans la société en général. La société et l'individu, c'est un peu comme l'œuf et la poule : des individus heureux forment une société saine, et une société saine rend les individus heureux. Mon épouse, qui ne le sait que trop bien, ne s'est jamais mise en travers de mon chemin. Elle m'a toujours soutenu, même dans mes projets les plus dispendieux. À vrai dire, elle est même allée jusqu'à planifier elle-même la plupart d'entre eux et y a participé. Sans elle, je n'aurais pas pu mener à bien les nombreuses missions que j'ai entreprises, que ce soit en termes de bénévolat, d'études ou d'éducation. Notre objectif commun de rendre le monde meilleur plutôt que de nous concentrer sur nos intérêts personnels nous a soudés plus solidement que nous ne l'aurions jamais imaginé.

J'admire ma femme. Par-dessus tout, je la respecte en tant qu'érudite nommée Lee Dong Won. Sociologue de profession, elle possède une vue d'ensemble de toute situation et m'aide à prendre du recul au lieu de plonger directement dans l'esprit d'un individu, mon premier réflexe en tant que psychiatre. C'est une femme forte et pleine de caractère qui a toujours dirigé notre famille avec assurance, si bien que j'ai eu la chance d'évoluer dans un modèle fondé sur une relative égalité des sexes. C'est grâce à elle que nos deux noms figurent fièrement sur la porte d'entrée de notre maison. C'est grâce à elle que j'ai donné les tout premiers cours d'études féminines à l'hôpital universitaire d'Ewha, ce qui m'a valu de recevoir en 1999 le Prix des valeurs familiales, récompense inhabituelle pour un Coréen de mon âge.

Et j'admire Lee Dong Won en tant que mère de quatre enfants et épouse. Durant notre jeunesse, quand nous tirions le diable par la queue, elle a dû jongler entre ses études et l'éducation de nos enfants. Elle affirme que cette période difficile lui a appris à définir ses priorités, à trouver un équilibre intérieur, à savoir quand renoncer et, parfois, à persévérer jusqu'à voir arriver les jours meilleurs. Quand je repense à notre histoire, je ressens un profond élan de respect et de sympathie pour mon épouse qui a su tirer des profondeurs de l'adversité une sagesse aussi éclatante.

Chaque fois que l'on me demande de célébrer un mariage, j'insiste sur les trois conseils suivants : premièrement, amusez-vous autant que possible ; deuxièmement, soyez créatifs ; troisièmement, aidez-vous mutuellement à progresser. Par bonheur, ma femme et moi avons satisfait à ces recommandations tout au long de notre mariage. Nous avons trouvé des moyens créatifs d'affronter notre dénuement financier, nous nous sommes beaucoup amusés à élever nos enfants, étudier et travailler ensemble, et nous nous sommes aidés mutuellement à progresser dans nos domaines d'études respectifs. Nous n'aurions pu rêver de meilleure vie conjugale.

Ma femme est aujourd'hui aussi âgée que moi. Sa vue baisse, tout comme son ouïe, et cela l'a rendue plus réservée. Il m'arrive même de douter que nous comprenons grand-chose de ce que l'autre dit, mais tout va bien. Lorsque ma femme m'accompagne à un événement – conférence ou déjeuner –, je vis souvent une expérience surprenante : elle me fait part de l'idée même que j'ai en tête. Alors, une fois de plus, je ressens au plus profond de moi la richesse de toutes les années que nous avons passées ensemble. Un seul esprit, un seul cœur. De qui d'autre pourrais-je dire cela ?

Chers lecteurs, n'oubliez jamais les trois conseils que je donne aux jeunes mariés. Une union amoureuse consiste à partager la joie et à apprendre l'un de l'autre. C'est grâce à notre vision commune et à notre croissance mutuelle que ma femme et moi avons traversé les moments les plus difficiles de notre vie de couple.

Quel soulagement d'avoir à mes côtés ma compagne de vie et d'études ! C'est elle qui a fait de moi ce que je suis, et c'est moi qui ai fait d'elle ce qu'elle est. Quand je repense à notre vie commune, plus de soixante ans après notre première rencontre, j'ai l'impression d'être transporté dans le passé et de redevenir ce jeune homme écrivant des lettres d'amour passionnées. J'ai envie de trier ces vieilles cartes que ma femme a conservées toutes ces années. C'est toujours à elle que je veux offrir le monde, et je m'y essaierai jusqu'à mon dernier souffle.

CHAPITRE 6

Comblez le fossé des générations

Lorsqu'ils étaient tout jeunes, mes petits-enfants refusaient parfois d'aller à la crèche. Obligés de se rendre au travail, leurs parents – mes enfants – trouvaient toujours le moyen de les amadouer pour les faire monter dans la voiture. Lors d'une de ces occasions, j'ai vu mes petits-enfants faire des grimaces qui semblaient signifier qu'ils capitulaient, mais à contrecœur et uniquement par amour. Cependant, mes enfants, préoccupés et fatigués, ne semblaient pas toujours capter ces regards, ces signaux silencieux que leur progéniture envoyait. Ils n'avaient probablement pas l'expérience ni le luxe de prendre le temps de discuter de ce qui se passait dans la petite tête de leurs propres enfants.

Ma femme et moi avons traversé les mêmes difficultés. Même avec quatre enfants, nous sommes restés des parents amateurs car chacun d'entre eux nécessitait des compétences éducationnelles différentes. Pour ne rien arranger, nous travaillions tous les deux et avions peu de temps à leur consacrer. Les années ont défilé sans que je les voie passer. Lorsque nos enfants ont grandi et que nous avons eu un peu plus de liberté, nous avons enfin pu regarder en arrière et faire le compte des erreurs de débutants que nous avions commises au fil du temps. Mais les regrets n'auraient rien pu changer à ce moment-là : nos cheveux étaient déjà gris.

Heureusement, en tant que grand-père, je disposais de l'expérience nécessaire pour reconnaître quand mes petits-enfants traversaient un moment difficile. Chaque fois que ma femme et moi sentions que leur refus d'aller à la crèche n'était pas dû qu'à un simple caprice, nous intervenions. Et, lorsque nous les interrogions, nos petits-enfants avaient toujours une bonne raison à nous donner. Dans ces moments-là, nous les emmenions en promenade et, main dans la main, nous leur prêtions l'oreille. Après ce genre d'excursions, ils semblaient apaisés.

Il y a quelque temps, le plus âgé de mes petits-fils s'est marié et, grâce à lui, j'ai été gratifié du titre fabuleux d'arrière-grand-père ! J'ai l'impression qu'hier encore, je le tenais dans mes bras pour la première fois, le cœur gonflé de tout l'amour que je lui portais, mais ce petit bébé a grandi et fondé sa propre famille ! Lorsqu'il est venu pour nous présenter sa femme, j'étais si heureux que j'avais l'impression d'avoir des ailes. Quand mes enfants se sont installés et mariés, je me faisais un sang d'encre pour eux et j'étais trop tendu pour me réjouir mais, avec mes petits-enfants, j'éprouvais de l'émerveillement et de la joie à l'état pur.

La joie qu'ils ont apportée dans ma vie est indescriptible. Par-dessus tout, j'ai enfin connu le plaisir d'être parent en aidant à élever mes petits-enfants. Je plains encore ma femme et mes enfants pour toutes les années où j'ai manqué à mes devoirs de père et d'éducateur ; celles où, étant médecin militaire, je travaillais loin de chez moi ; et la période où je purgeais une peine de prison pour ma participation à la Révolution d'avril.

Pendant ce temps, ma femme devait supporter à elle seule la charge familiale. Même lorsque j'ai obtenu un emploi stable dans un hôpital et que j'ai commencé à gagner un salaire décent, celui-ci était loin d'être suffisant pour subvenir aux besoins d'une famille de sept personnes – ma femme et moi, nos quatre enfants et ma propre mère. Je partais travailler au lever du jour et revenais au coucher du soleil, sans avoir le temps de penser à quoi que ce soit d'autre. Les années ont filé en un clin d'œil et, un jour, je me suis aperçu que tous mes enfants étaient devenus adultes.

Et puis mes petits-enfants sont arrivés, ces créatures mystérieuses et incroyables qui gigotaient dans mes bras ! Ils ont appris à s'asseoir, à se mettre debout, à marcher et même à courir, et tout cela m'a totalement surpris, comme si je n'avais jamais rien vu de tel auparavant. Quand ils ont commencé à parler et à articuler le mot « Ganpa », je n'ai pu retenir mes larmes. Quel que soit leur comportement, ils sont toujours la prunelle de mes yeux.

Lorsque j'étais petit, ma grand-mère maternelle m'aimait tellement qu'elle ne cessait de me tapoter la tête et de me prendre dans ses bras avant de s'exclamer affectueusement : « Mon bébé adoré ! » Cette image est sans doute restée gravée dans ma mémoire, car je m'écrie moi aussi « Mon bébé adoré ! » chaque fois que je vois mes petits-enfants. Je confesse, chers lecteurs, que je leur ai même fait un lavage de cerveau ! Quand ils étaient tout jeunes, ils venaient me rendre visite chaque week-end et je les obligeais à me saluer en disant « Je suis le bébé adoré de mon grand-père » au lieu d'un simple bonjour. Dès qu'ils mettaient le pied dans la maison, je criais : « Qui est-ce ? » et ils répondaient en chœur « C'est le bébé adoré de grand-père ». Et toute la famille éclatait de rire.

Ce fut, hélas, un bonheur de courte durée ! Lorsque mes petits-enfants sont entrés à l'école primaire, ils sont devenus timides, refusant désormais de me saluer comme je le leur avais appris. Ils se contentaient de sourire et de me serrer brièvement dans leurs bras. La plus jeune de mes petites-filles m'a même demandé un jour : « Grand-père, je ne suis pas le bébé de mon père ? Pourquoi je suis ton bébé ? » Cela a marqué la fin d'une époque. Maintenant que tous mes petits-enfants sont adultes, il m'arrive cependant de leur chuchoter à l'oreille : « Qui est-ce ? » et ils me répondent en murmurant : « C'est le bébé adoré de grand-père ». N'est-ce pas un lien merveilleux ?

Mais voilà : j'ai beau les aimer, mes petits-enfants vivent dans un monde complètement différent de celui dans lequel j'ai grandi, ou même de celui dans lequel mes enfants ont grandi. J'ai grandi en écoutant les histoires de mes grands-parents sur leurs genoux, mais mes petits-enfants ont eu une enfance nourrie par Internet et son monde connecté, en écoutant divers contenus accessibles en ligne. Entre nous, il y a forcément un fossé générationnel, bien sûr. Si vous laissez ce fossé se creuser, il deviendra vite un gouffre. Et comment pourriez-vous, ou qui que ce soit, d'ailleurs, aimer quelqu'un que vous ne comprenez pas ? Au cœur de tout amour, il y a ce désir et cette détermination : comprendre l'autre. Et j'ai voulu donner à mes petits-enfants et à moi-même cette occasion cruciale de nous comprendre. Chers lecteurs, combien j'ai essayé de m'adapter à leur temps !

C'est ainsi que j'ai commencé à envoyer par e-mail à mes petits-enfants les récits de mon enfance : l'époque où je pensais être japonais à cause des mesures politiques radicales du Japon impérial visant à anéantir la nation coréenne, le désespoir de ne pas avoir d'avenir pendant la guerre de Corée, et mes années d'adolescence où je grimpais dans un plaqueminier pour réfléchir à mon existence. Mes petits-enfants ont été aussi déconcertés que ravis : ils avaient l'impression de voir prendre vie les événements historiques relatés dans leurs manuels scolaires. Grâce à nos correspondances, j'ai également beaucoup appris de mes petits-enfants. Ils commentaient mes courriels en utilisant des termes argotiques tels que 냉무 *naengmu* (manque de contenu), 헬조선 *helljoseon* (Corée d'enfer), 워라밸 *wolabel* (équilibre entre vie professionnelle et vie privée) et 소확행 *sohwakhaeng* (bonheur petit mais sûr). Ils m'ont tout appris sur les acronymes coréens et les problèmes sociaux sur lesquels ils reposent.

À notre époque de familles nucléaires, les gens vivent rarement avec leurs grands-parents. L'idée que les enfants se font de la famille est donc devenue assez limitée. Avec la baisse de la natalité, la plupart d'entre eux ont un ou deux frères et sœurs au maximum – autrement dit, pour eux, une famille est statistiquement un groupe de cinq personnes ou moins.

Des unités familiales réduites peuvent donner naissance à des enfants plus individualistes et égocentriques, car leur monde est tellement plus petit ! En conséquence, leurs parents peuvent se consacrer entièrement à l'éducation de leur enfant unique ou de leurs deux enfants. Dans les pays asiatiques, un terme est apparu, « le syndrome du petit empereur », pour décrire un effet secondaire de ce phénomène de société. Il signifie littéralement que les enfants se comportent comme des empereurs régnant sur leurs parents et leurs grands-parents, et qu'ils les tiennent sous leur coupe.

Un jour, alors que j'étais dans un taxi, le chauffeur s'est plaint de son petit-fils. Alors qu'il le réprimandait pour s'être mal comporté, le gamin est allé se réfugier dans les bras de sa grand-mère en lui demandant : « Grand-mère, il y a sept milliards de personnes sur la Terre ! Pourquoi as-tu choisi d'épouser un homme aussi méchant ? » Je n'en croyais pas mes oreilles ! Pas à cause de la précocité de cet enfant évoquant la population mondiale, mais par la façon dont il rejetait la faute sur son grand-père au lieu de réfléchir à ce qu'il aurait pu faire de mal. Quel sale gosse ! Et si personne ne parvenait jamais à lui faire entendre raison, gémirait-il encore « Pourquoi je suis tombé sur ce méchant parmi les sept milliards d'habitants de la planète ? » lorsque son supérieur hiérarchique lui ferait une réflexion négative sur son travail ? Comment réagirait-il dans tous les moments difficiles ? Il aurait certainement du mal à s'intégrer où que ce soit.

De multiples chercheurs et experts prédisent que beaucoup d'emplois traditionnels disparaîtront à l'avenir. Mais ils s'accordent également à dire qu'il existe une capacité exclusivement humaine qui ne sera probablement pas remplacée par l'IA. Il s'agit de l'empathie, ou QE (quotient émotionnel). Dans notre société individualiste où les cellules familiales unipersonnelles sont de plus en plus nombreuses, les personnes dotées d'un QE supérieur seront de plus en plus recherchées. Mais comment améliorer ses compétences en matière d'empathie ? Tout simplement en nouant des liens solides avec les autres.

Le rôle crucial des grands-parents à notre époque moderne est d'enseigner ces compétences empathiques à leurs petits-enfants. Lorsque j'étais moi-même enfant, la Corée était encore animée par de petites communautés urbaines, de sorte que tous les habitants d'un quartier formaient en réalité une grande famille. Cet esprit communautaire a contribué à nous inculquer le respect des sentiments d'autrui et des règles de comportement. Les enfants d'aujourd'hui, qui vivent dans des communautés plus clairsemées et individualistes, ne bénéficient pas de cet avantage. Cependant, les grands-parents peuvent les aider à élargir leur univers social. Bien sûr, vous pouvez leur donner de l'argent de poche de temps en temps, mais pourquoi s'arrêter à ce rôle passif ? Interagissez avec eux, racontez-leur vos histoires d'enfance pour qu'ils comprennent un peu à quoi ressemblait le passé, et incarnez le lien entre eux et la famille au sens le plus large.

Cependant, vous devez aussi vous montrer créatif. Aussi bienveillantes que soient vos intentions, si vous ne parvenez pas à susciter l'intérêt de vos petits-enfants, ils accueilleront toutes vos paroles comme autant de sermons importuns. En premier lieu, faites-vous-en des amis. Pour lier amitié avec eux – ou n'importe quel jeune, d'ailleurs –, vous devez vous efforcer de comprendre leur monde et ce qui les fait réagir. S'efforcer de comprendre le point de vue des autres, c'est le début de l'amour.

CHAPITRE 7

Acceptez vos parents tels qu'ils sont

La vie nous sert rarement la sagesse sur un plateau d'argent. Voilà pourquoi nous entendons souvent ces paroles chargées de regrets : « Si seulement j'avais su, à l'époque, ce que je sais aujourd'hui ! » Même armés de passion et de courage, les jeunes manquent de sagesse, tandis que les personnes âgées, avec toute leur expérience et leur perspicacité, n'ont plus autant d'occasions de la mettre à profit. Cette ironie de la vie s'applique non seulement à l'éducation des enfants, mais aussi à leurs relations avec leurs parents. Si j'avais su à l'époque ce que je sais aujourd'hui, je me serais efforcé de mieux comprendre ma mère ; ainsi, j'aurais été un homme plus sage – si seulement je pouvais remonter le temps ! Cela me fait encore mal au cœur de penser au chagrin que j'ai parfois dû causer à ma mère. Dans quelle mesure connaissons-nous et comprenons-nous vraiment nos parents ?

Aussi loin que je me souvienne, ma mère était la personne la plus forte que j'aie jamais vue. Elle était téméraire et ne reculait jamais quand elle était convaincue du bien-fondé de ses actions. Pendant la guerre de Corée, dans les années 1950, les soldats blessés ont été entassés dans mon école primaire, qui est vite devenue surpeuplée. Nous, les élèves, l'avons désertée afin que les soldats puissent y être soignés, et nous nous sommes installés dans une salle de classe temporaire près d'une carrière où l'on fabriquait des tuiles. C'était une période très difficile et la plupart des gens avaient du mal à subvenir aux besoins de leur propre famille. Pourtant, ma mère s'est portée volontaire pour s'occuper des soldats blessés dans mon école ainsi que des orphelins de guerre. Par la suite, elle a fait du bénévolat toute sa vie.

Si ma mère était très aimée et respectée pour sa philanthropie, je l'ai toujours trouvée sévère, voire terrifiante. Elle avait un sens aigu du bien et du mal et, une fois qu'elle avait pris une décision, elle poursuivait son objectif sans relâche, de sorte que je n'avais aucune chance de la faire changer d'avis sur quoi que ce soit. J'ai grandi sous ses directives inflexibles en matière de sécurité. Tout ce qui pouvait me nuire, même de façon minime, était prohibé. Je n'avais même pas le droit d'aller nager ou de jouer au football. Lorsque je me comportais mal, ma mère me prenait à part, me faisait asseoir et me grondait à voix basse. Elle ne s'emportait jamais, se contentant d'énumérer mes fautes avec une logique infaillible. Chaque fois, j'aurais préféré qu'elle me frappe. Cela me faisait une peine affreuse d'entendre ma mère me réprimander de la sorte.

J'avais l'impression que je ne pourrais jamais sortir de l'ombre de ma mère. Parfois, j'avais envie de m'enfuir. Lorsque j'ai été accepté à l'université, je lui ai dit sans ambages : « Mère, ton amour est trop grand et trop lourd pour que je puisse le porter, alors, s'il te plaît, dis-moi quel est son prix. Je te paierai mes dettes toute ma vie. »

À l'époque, je voulais désespérément qu'elle me donne la valeur exacte du poids de son amour en wons coréens. Dans mon esprit d'adolescent, peu en importait le montant : une somme calculable était forcément moins lourde que son amour intangible. Ma mère est restée silencieuse pendant un moment avant de murmurer : « Tu verras quand tu auras des enfants. Voilà ma réponse. »

Bien des années plus tard, lorsque je me suis marié et suis devenu moi-même parent, j'ai enfin pris conscience du mal que j'avais fait à ma mère ce jour-là. Quelle absurdité que de demander à ses parents de calculer le prix de leur amour ! Comme ma mère a dû être affligée d'entendre son fils formuler une telle demande ! La frustration et la culpabilité que j'ai ressenties à la suite de cet incident sont restées un *hua tou* (화두) – un sujet de méditation – important dans ma vie.

Bouddhiste convaincue, ma mère se rendait régulièrement au temple lorsque j'étais jeune interne en médecine. Lorsque mes enfants sont nés, elle a commencé à revêtir une robe orange et à séjourner plusieurs jours de suite au temple. Il m'est arrivé de recevoir des appels téléphoniques d'amis et de parents qui me demandaient des nouvelles de ma mère.

« Ta mère est-elle devenue moine ? Je l'ai vue dans un temple… »

Chaque fois, j'étais gêné : j'avais le sentiment qu'on m'accusait de ne pas prendre soin d'elle et de m'en débarrasser en l'envoyant dans un temple. Bien sûr, ma réaction provient certainement du fait qu'en raison de cet incident passé, j'avais l'impression d'être un mauvais fils. En réalité, j'aurais préféré qu'elle reste à la maison et s'occupe plus souvent de mes enfants au lieu d'aller au temple. Parfois, ma mère entendait mon souhait et ne sortait pas pendant une longue période. Mais, chaque fois, elle se retrouvait clouée au lit peu de temps après. Le même phénomène se produisait lorsqu'elle était plus jeune : chaque fois que mon père la soumettait à sa volonté, elle souffrait de terribles maux d'estomac. Quel que soit son âge, elle était ce qu'elle était. Elle devait vivre sa vie comme elle l'entendait, c'était dans sa nature.

Baissant les bras, j'ai accepté ma mère telle qu'elle était. Je lui ai dit qu'elle devait vivre comme elle le souhaitait et je l'ai libérée. Tout comme elle avait fait preuve de compréhension et de patience à l'égard de mes protestations d'adolescent, il y a bien longtemps, je me suis efforcé de la comprendre et de l'accepter. Après cela, ma mère s'est vite retrouvée sur pied, en pleine forme. Elle était redevenue elle-même, prête à partir au temple dans sa robe teinte, un sac à dos sur les épaules. Aucun mot ne saurait exprimer la fierté qu'elle m'inspire.

Elle est décédée à l'âge de quatre-vingt-quatre ans. De toute ma vie, la plus belle chose que j'aie faite pour elle a été de prononcer ces simples mots pour la libérer.

Il m'a fallu trop longtemps pour accepter ma mère telle qu'elle était. Si je l'avais fait plus tôt, si je l'avais considérée comme une personne à part entière au lieu de ne voir en elle que ma mère, nous ne nous serions pas infligé mutuellement autant de peine. Malgré tous mes remords, je ne peux remonter le temps. Après tout, il fallait bien que je traverse tout cela – de mon enfance dans son ombre jusqu'à la paternité qui m'a permis de comprendre pleinement l'amour parental – pour enfin comprendre véritablement ma mère.

Avec l'âge, il vient un moment où l'on doit accepter nos parents tels qu'ils sont. N'oubliez pas : que l'on soit parent ou enfant, nous sommes tous novices dans cette relation. Et tous les novices sont voués à commettre des erreurs. Autrement dit, nous finirons par nous faire du mal d'une manière ou d'une autre. Si la peine causée n'est pas irrévocable, si elle n'est pas réellement inexcusable, vous devez être prêts à comprendre et à vous pardonner mutuellement. Vous devez réduire vos attentes et replacer les paroles et les actes de vos parents dans leur contexte, en les considérant pour ce qu'ils sont : des êtres humains. Ce n'est qu'à cette condition que vous pourrez enfin sortir de leur ombre. Ce n'est qu'à cette condition que nous devenons des adultes véritablement indépendants.

Dès leur rencontre, les parents et leurs enfants sont les êtres humains les plus proches qui soient. Ils s'influenceront mutuellement pendant des années et pourtant, ironiquement, ils ne se connaîtront peut-être jamais vraiment. Mais, avec un peu de chance, nous avons le temps d'apprendre à faire connaissance. Il vous faudra peut-être toute une vie pour comprendre réellement vos parents. Essayez de vous remémorer leur vécu avant qu'il ne soit trop tard. C'est votre dernière chance de guérir et de vous réconcilier enfin avec vos parents qui vous ont peut-être blessé sans le savoir.

QUATRIÈME PARTIE

LES AVANTAGES DE L'ÂGE

CHAPITRE 1

Si le temps, c'est de l'argent, vous voilà riches

Voici venue l'ère des centenaires : les fameux *boomers*, nés entre 1968 et 1974, ont une espérance de vie moyenne de cent ans. En 1970, l'espérance de vie moyenne en Corée était de soixante-deux ans. Le monde a changé au-delà de nos rêves les plus fous.

La première fois que j'ai appréhendé la notion d'une existence centenaire, c'était en 1982, lorsque j'ai découvert la division népalaise de la vie en quatre étapes de vingt-cinq ans chacune. À l'époque, la possibilité d'atteindre cent ans ne figurait pas au programme du commun des mortels, et la perspective népalaise était pour le moins rafraîchissante. En même temps, cela m'a rappelé les huit stades de développement psychosocial d'Erikson que j'ai mentionnés dans un chapitre précédent. Comme vous le voyez, la science et les enseignements spirituels ont souvent des idées étonnamment similaires à nous communiquer.

Pourtant, à l'époque, le mot « centenaire » était souvent considéré comme une nouvelle terminologie faisant référence à une meilleure espérance de vie, sans plus. Mais aujourd'hui, l'ère des centenaires est devenue notre réalité. En 2009, dans leur rapport sur le vieillissement, les Nations unies ont pratiquement officialisé l'ère des « *homo-hundreds* ». Quelques années plus tard, en 2015, l'ONU a également établi des directives sur les distinctions d'âge dans l'ère en question. Selon celles-ci, l'enfance va d'un an à dix-sept ans, l'âge adulte de dix-sept à soixante-cinq ans, l'âge mûr de soixante-cinq à soixante-dix-neuf ans et la vieillesse de soixante-dix-neuf à quatre-vingt-dix-neuf ans ; au-delà de cent ans, l'âge est considéré comme extrêmement avancé. Ces directives semblent refléter notre réalité bien mieux que notre ancienne perception de la quarantaine comme le début de l'âge mûr et de la soixantaine comme celui de la vieillesse. D'après mon expérience, elles se vérifient : je suis devenu chef de famille à dix-huit ans, lorsque mon père est décédé, et j'ai travaillé jusqu'à soixante-cinq ans, âge auquel j'ai pris ma retraite en tant que médecin enseignant ; je dirais donc que mon âge adulte s'est étendu sur cette période précise. Et qu'en est-il de l'âge mûr, de soixante-cinq à soixante-dix-neuf ans ? C'est à ce moment-là que je suis devenu vraiment indépendant et que j'ai pu consacrer mon temps et mes ressources au type de travail que je trouvais intéressant. Tout semble donc concorder.

J'ai commencé à envisager ma vie de retraité bien avant d'en avoir l'âge. J'ai été inspiré en ceci par Kim Hong Ho, un collègue professeur à l'hôpital universitaire d'Ewha. Le jour de son départ en retraite, il a déclaré : « Aujourd'hui, je suis redevenu étudiant. » Cette annonce singulière m'a marqué et j'ai compris que la retraite pouvait symboliser un nouveau départ plutôt qu'une fin. C'est à ce moment-là que j'ai décidé de considérer ma propre retraite comme un commencement plutôt que comme une ligne d'arrivée.

Ma vie avant la retraite m'a toujours donné l'impression d'être un exercice de funambule : j'essayais en permanence de résoudre une longue équation pleine de variables. En tant que père, universitaire, médecin, mari, enseignant et fils, j'avais la mission apparemment impossible de jongler avec tous ces rôles qui exigeaient des responsabilités différentes, et de gérer mes désirs divergents sans perturber une harmonie fragile. Le plus souvent, je faisais des compromis entre mes désirs contradictoires et je donnais la priorité à ce qu'il était indispensable de faire. Mais mes enfants ont grandi, et je voyais ma retraite approcher. Soudain, à l'âge de soixante-cinq ans, je me suis retrouvé, pour la première fois, à disposer de beaucoup de temps libre. Il n'y avait plus personne pour se mettre en travers de mon chemin.

Comment allais-je occuper tout ce temps ? Après mûre réflexion, j'ai décidé de mettre mon expérience et mes connaissances au service du plus grand nombre. C'est ainsi que j'ai ouvert ma clinique. J'y ai introduit des traitements expérimentaux tels que l'art-thérapie et la psychothérapie basée sur la méditation. Enfin, j'ai créé la Fondation Family Academia.

En suivant le parcours de mes patients en psychiatrie, j'ai souvent découvert qu'un membre de leur famille était ou avait été malade. Avec mon épouse sociologue, nous avons décidé d'aider les gens à comprendre les rôles et l'importance de la famille. Notre fondation est devenue un centre de recherche spécialisé dans les études sur la famille, le conseil en éducation, la rééducation des personnes âgées et le coaching parental.

J'ai également enrichi ma vie après la retraite en m'inscrivant à un programme d'études culturelles de quatre ans à l'Université virtuelle de Corée – uniquement pour le plaisir ! Même lorsque j'étais médecin, je nourrissais ce désir insatiable d'étudier les sciences humaines plus en profondeur. J'ai toujours pensé que la compréhension de chaque patient en psychiatrie nécessitait une perspective beaucoup plus large et interdisciplinaire qu'une simple analyse des circonstances propres au patient. J'ai souvent ressenti le besoin de me pencher attentivement sur la culture, l'environnement immédiat et élargi, et les communautés du patient. J'admets que c'était probablement lié à ma fascination pour la culture népalaise, en particulier ses aspects spirituels. Je voulais découvrir ce que la culture en général avait de si irrésistible pour moi. Par hasard, je suis tombé sur une affiche invitant de nouveaux étudiants à s'inscrire au programme de la cyber-université, et j'ai sauté sur l'occasion. J'avais enfin la possibilité d'assouvir ma soif d'études culturelles !

Jamais je n'avais eu autant de plaisir à étudier ! Pas de pression pour obtenir de bonnes notes, pas d'inquiétude pour les examens, je travaillais uniquement par curiosité académique, je ne pouvais pas imaginer plus amusant. C'est ainsi qu'en 2011, j'ai obtenu mon diplôme en tant que major de ma classe et élève le plus âgé. Pendant toutes mes années d'études, dans ma jeunesse, je n'avais jamais approché ce genre d'honneur, et réaliser cet exploit à l'âge de soixante-seize ans m'a fait comprendre que la vie, assurément, est pleine de surprises.

L'ouverture d'une clinique, la création de la Family Academia, mes études à l'université virtuelle – voilà qui pourrait donner de moi l'image d'un vieil homme prétentieux se vantant d'avoir eu une vie bien remplie. Ce n'est pas le cas, chers lecteurs, car tout cela s'est déroulé à un rythme très lent, au cours de vingt longues années. La période post-retraite est souvent considérée comme « le reste de notre vie ». Le *reste*, comme des restes qu'on accommode. Mais le temps que nous avons à vivre après la retraite est souvent trop long pour être considéré ainsi : vingt ans, la durée nécessaire à un enfant pour devenir adulte. C'est largement suffisant pour se lancer dans une nouvelle activité et la mener à bien. C'est en tout cas beaucoup, beaucoup trop long, pour rester engoncé dans sa routine, sans chercher à relever de nouveaux défis passionnants.

Certains envisagent la retraite comme une période durant laquelle ils seront devenus inutiles. Ils ont du mal à affronter leur vieillesse, craignant de devenir un fardeau pour leur famille et la société, sans carrière, la santé chancelante. Ils s'efforcent de prouver leur valeur. Mais, aussi riches et altruistes qu'ils soient, le bonheur restera toujours hors de leur portée s'ils ne modifient pas leur propre point de vue sur la vie en cessant de se considérer comme un problème potentiel pour tout le monde.

Ellen Langer, éminente professeure de psychologie à Harvard, a déclaré que la dernière chose à laquelle nous devons renoncer si nous voulons être heureux, c'est le contrôle sur notre vie – le droit à prendre nos propres décisions. Quel est le plus bel avantage de la vieillesse ? Ma réponse sera toujours la même : c'est la liberté qui vient avec le fait d'avoir sa vie sous contrôle. Vous n'êtes plus enfermés dans vos responsabilités professionnelles et vous avez suffisamment d'expérience et de ressources pour vous engager dans le type d'activités que vous avez toujours souhaité. Cette liberté est une récompense pour tous ceux qui ont vécu leur vie au mieux de leurs capacités, alors pourquoi la gaspiller en pesant le pour et le contre au lieu de passer à l'action et de suivre enfin votre cœur ?

Je dis toujours : « Je suis arrivé à l'âge d'or. » Croyez-vous vraiment qu'une année pour un nouveau-né soit différente d'une année pour un senior ? Et qu'en est-il d'une journée pour une personne de vingt ans par rapport à quelqu'un qui en a quatre-vingt ? Nous sommes tous égaux, car le temps n'attend personne. C'est pourquoi il faut garder l'esprit ouvert, quel que soit votre âge.

Oublions les expressions telles que « le reste de ma vie » ou « les jours qui me restent », car la vie après la retraite peut et doit valoir bien plus que cela. Lorsqu'on a son existence bien en main et qu'on passe chaque jour à suivre ses envies profondes, on ne peut pas être déçu. Ce sera une sacrée aventure ! Anna Mary Robertson Moses, qui a commencé à peindre à l'âge de soixante-quinze ans et avait réalisé environ 1 600 tableaux à sa mort, à cent un ans, a déclaré : « La vie est ce que nous en faisons. Elle l'a toujours été et le sera toujours. »

CHAPITRE 2

C'est le moment ou jamais de renouer les liens familiaux

J'ai été invité à prendre la parole lors de nombreux événements depuis la publication, en 2013, de mes écrits en Corée. J'ai donné de nombreuses interviews et conférences et j'ai été l'invité de plusieurs émissions de télévision, ce qui m'a permis de nouer des liens avec de nombreuses personnes et d'être actif socialement et professionnellement – quelle chance pour un homme de mon âge ! Et, quelle que soit l'occasion, la même question revenait : comment nous, treize personnes de trois générations, arrivons-nous à vivre sous le même toit ?

Comme je l'ai brièvement mentionné dans un chapitre précédent, je vis dans une villa à Gugi-dong, un quartier de Séoul. Cinq familles vivent dans cet édifice de quatre étages, et tous les résidents sont mes fils et mes filles, ainsi que leur conjoint et leurs enfants. N'en concluez pas que j'étais assez riche pour offrir à chacun de mes enfants une aile de la villa ! Chacun d'eux a acheté et financé sa partie du propre logement, sans mon aide.

Nous vivons ensemble dans cette villa depuis 2002, année où tous mes enfants traversaient une période tumultueuse de leur vie : mariés, avec eux-mêmes des enfants, et travaillant à plein temps. Mon fils aîné a suggéré que nous nous cotisions tous pour résoudre ce dilemme d'élever des enfants tout en prenant soin de parents vieillissants et en payant un logement coûteux dans la capitale de la Corée du Sud. Notre réaction a été unanimement enthousiaste, mais la concrétisation de ce plan n'était pas simple. Nous étions conscients qu'il ne serait pas aisé pour une famille élargie et intergénérationnelle de cohabiter paisiblement. Et si, d'un conflit à l'autre, la famille se déchirait plutôt que de se rapprocher ? Cependant, après de nombreuses discussions, nous avons décidé de vivre ensemble en suivant le principe du « respect de l'indépendance de chaque famille et de chaque membre de la famille ».

Dès les premières étapes de la construction de la villa, nous avons suivi ce principe. Ma femme et moi avons fourni le terrain sur lequel notre maison d'origine a été construite, et mes enfants se sont chargés de concevoir chacune des ailes en fonction de leur budget, de leurs goûts et des besoins de leurs proches. Nous avons veillé à construire une entrée séparée pour chaque aile afin de préserver l'intimité de chaque famille. Ces principes de respect et d'indépendance s'appliquent également à notre comportement quotidien : il est strictement interdit à quiconque d'entrer dans l'aile d'une autre famille ou d'y frapper sans rendez-vous préalable ; le code d'accès de chaque aile n'est connu que par la famille qui l'occupe. Nous nous relayons sur des périodes de six mois pour planifier et accueillir les événements familiaux, avec des dates et des lieux toujours annoncés à l'avance.

De nos jours, nous avons dépassé l'ère des familles nucléaires pour entrer dans celle des familles monoparentales, et de ce fait, de nombreuses personnes jugent notre maison intergénérationnelle rafraîchissante. Elles en parlent souvent comme d'une « nouvelle expérience familiale » ou d'une « nouvelle forme de communauté ». Elles nous répètent avec envie que ce type de famille – indépendante tout en vivant pratiquement sous le même toit – est le modèle idéal du XXIe siècle, et elles fantasment sur les repas familiaux et les bons moments passés ensemble au quotidien.

Mais nous sommes humains : nous ne passons pas notre temps à rire aux blagues des autres et à nous amuser. En fait, nous pourrions parfois sembler indifférents les uns envers les autres. Même si nous vivons dans la même villa, il peut arriver que des jours entiers s'écoulent sans que nous nous croisions, et chacun est tellement occupé que nous ne sommes pas forcément au courant de la vie des autres. Cependant, cette touche d'indifférence pourrait bien être l'ingrédient secret de notre harmonie. Si vous vous attendiez à ce que je dresse le portrait d'une famille plus intime et émotionnellement interdépendante, je crains que vous ne soyez déçu.

D'après mon expérience, cependant, les véritables avantages d'une grande famille intergénérationnelle se révèlent plus clairement dans les moments difficiles qu'en période de sérénité.

Un dimanche soir de 2010, mon fils aîné a brusquement perdu connaissance. Sa femme et sa fille étaient à ses côtés lorsque cela s'est produit. Comme il ne souffrait d'aucune maladie préexistante, son épouse pensait qu'il faisait semblant pour amuser la galerie mais, comme ma petite-fille venait d'apprendre que le père d'un ami était mort d'une crise cardiaque, elle a appelé une ambulance. Elle a ensuite contacté sa tante – ma fille aînée – qui est médecin et lui a conseillé d'emmener immédiatement son père à l'hôpital. Mon cadet était heureusement à la maison ce jour-là, et il les y a donc conduits lui-même plutôt que d'attendre l'ambulance, ce qui a permis à mon aîné d'être secouru beaucoup plus rapidement.

La chance étant de leur côté, le personnel des urgences était au complet ce jour-là : une évaluation de l'équipe médicale étant programmée, tous les médecins étaient présents, y compris le chirurgien en chef. Mon fils a donc reçu les soins médicaux nécessaires dès son arrivée et a très vite été transféré en salle d'opération.

Il s'est avéré qu'il avait été victime d'un infarctus du myocarde. À son arrivée à l'hôpital, la moitié de son muscle cardiaque était déjà morte. S'il avait été pris en charge quelques minutes plus tard, il aurait pu subir des lésions cérébrales irréversibles, voire mourir. Comme tous les membres de ma famille vivaient sous le même toit, ils ont pu se concerter et gérer la crise rapidement et judicieusement. J'ignore ce qui se serait passé sans la vivacité d'esprit de ma petite-fille, les conseils de ma fille et la présence de mon fils cadet. Et si une seule de ces composantes avait manqué ? L'intelligence collective de ma famille a sauvé la vie de mon aîné. J'ai alors senti au plus profond de moi que nous avions bien fait de décider de vivre ensemble.

Pendant que lui et son épouse étaient à l'hôpital, ma femme, mes autres enfants et moi-même nous sommes occupés de son fils et des tâches ménagères. Sa fille n'a pas trop mal vécu l'état de son père grâce au reste de la famille qui s'est joyeusement impliquée et l'a soutenue chaque fois qu'elle en avait besoin. Ma petite-fille en parle d'ailleurs encore aujourd'hui. Récemment, elle m'a dit : « La meilleure chose que tu aies jamais faite, c'est sans aucun doute de tous nous réunir pour vivre dans cette villa. » Et je partage son avis.

Depuis maintenant plus de vingt ans que nous vivons tous ensemble, chacun a dû faire face à de nombreux défis, petits et grands, et nous nous sommes tous appuyés les uns sur les autres dans les moments difficiles. Partager les risques de la vie et gérer les crises avec sagesse, tel est le véritable bienfait d'une grande famille intergénérationnelle. La société semble avoir progressé lentement et sûrement dans la réduction des risques possibles de l'existence, mais est-ce vraiment le cas ? qu'en est-il en réalité ? Si l'espérance de vie s'allonge grâce aux avancées de la médecine, cela signifie aussi que nous devrons, année après année, faire face à diverses maladies liées au grand âge. La société moderne encourage l'avancement professionnel des femmes mais n'accorde que peu d'attention aux moyens dont disposent les familles en termes de temps et de ressources nécessaires pour élever leurs enfants. Les études supérieures ne sont plus synonymes de meilleurs emplois. Les progrès de notre société moderne ont engendré des problèmes inattendus et complexes, et la culture individualiste nous laisse souvent les affronter seuls. Mais ces problèmes peuvent-ils vraiment être résolus sans aide ?

Notre décision de vivre ensemble, à treize, a été motivée par le besoin urgent et réaliste de résoudre ces problèmes grâce à la contribution de chacun, en partageant le fardeau de tous ces risques pour disposer d'un filet de sécurité. Concernant la prise en charge des parents âgés, le fait que nous vivons tous ensemble a permis à mes enfants de disposer de week-ends libres sans avoir à se soucier de moi et de ma femme. Dès lors que nous vivons côte à côte et que nous pouvons prendre des nouvelles les uns des autres à volonté, nous n'avons plus éprouvé le besoin de faire des pieds et des mains pour fixer des dates pour les réunions familiales. Nous pouvons tous nous détendre le week-end, ce qui nous a également aidés à mieux nous entendre. Mes enfants ont reçu l'aide dont ils avaient tant besoin pour élever leur progéniture. Ma femme s'est chargée de conduire ses petits-enfants à l'école. Et avec huit adultes sur place, les problèmes de baby-sitting sont définitivement réglés. Ainsi, mes enfants ont pu se concentrer tranquillement sur leur carrière. Quant à mes petits-enfants, ils ont bénéficié de l'influence des plus âgés. De l'astronome au médecin en passant par l'art-thérapeute et le réalisateur de films expérimentaux, les adultes leur ont offert des expériences nouvelles et stimulantes et les ont aidés à élargir leurs horizons. De nos jours, la plupart des gens élèvent deux enfants au maximum, de sorte que la présence permanente de leurs cousins donne à mes petits-enfants plus de chances de se socialiser et d'apprendre à s'entendre avec les autres.

Certes, ce genre de cohabitation ne se fait pas sans heurts. Un des moyens d'assurer une coexistence pacifique entre des parents vieillissants et leurs enfants adultes consiste à permettre à l'autre de prendre soin de lui-même quand il le peut. Je crois que chaque famille s'épanouit quand elle évolue dans un contexte où règne la juste dose d'indifférence bienveillante. Mais que se passe-t-il si votre famille rencontre un obstacle pour lequel elle a besoin de votre aide ? C'est à ce moment-là qu'il faut intervenir. Aujourd'hui, un mouvement se développe pour créer des communautés à l'échelle des petites villes et promouvoir la culture de la parentalité collective, comme dans l'ancien temps où tout le village se partageait la garde des enfants. J'encourage tous ceux qui le peuvent à tenter l'expérience avec leur propre famille élargie.

Vous avez le droit de demander le soutien de votre famille, même si vous avez le sentiment que vous devez vous débrouiller seul. Rappelez-vous que, dans cette société imprévisible, la famille est un filet de sécurité : vous pouvez toujours compter sur elle. Considérez son expérience et son savoir collectifs comme l'un de vos atouts les plus précieux. Une fois que vous aurez décidé d'en tirer parti, vous trouverez de nombreuses façons de le faire et il vous sera plus facile d'affronter les aléas de la vie. Et si cela permet aux membres de votre famille de se rapprocher, c'est encore mieux.

CHAPITRE 3

L'avenir commence à la prochaine génération

Il y a quelque temps, un de mes amis m'a dit d'un ton circonspect : « Sais-tu que ton fils aîné a dit qu'il abandonnerait complètement le *jesa* quand tu seras parti ? »

Il avait probablement vu le post Facebook de mon fils déclarant son intention de renoncer à la tradition *jesa* après mon décès, et cela l'avait inquiété. Mon ami a déclaré qu'à notre âge, nous devions nous efforcer de rester proches de nos enfants, et il m'a également conseillé de remettre mon fils à sa place. J'ai répondu en plaisantant que, d'ici à ce que ça arrive, je mangerais les pissenlits par les racines ! J'ai toujours su que mon fils n'aimait pas cette tradition coréenne. Pour honorer le *jesa*, les familles coréennes préparent des festins pour leurs ancêtres décédés à la date anniversaire de leur mort, chaque année, selon le calendrier lunaire aujourd'hui désuet. Chaque festin se compose d'au moins dix plats fraîchement préparés par les femmes de la famille une fois que tout le monde s'est rassemblé dans la maison du fils aîné survivant. Comme mon fils a horreur de toutes les formalités, il n'est pas étonnant qu'il souhaite se débarrasser au plus vite de ce rituel.

Pour faire court, chers lecteurs, je n'en veux pas à mon fils. En réalité, il se trouve que, depuis des générations, notre famille a adapté de façon audacieuse et progressiste la plupart des coutumes *jesa*. Notre *sunsan* (선산 : montagne transmise de génération en génération dans les familles coréennes pour l'enterrement de tous leurs membres) comptait autrefois six sites funéraires distincts gérés par un garde forestier. Cependant, au milieu de la guerre de Corée, notre *sunsan* est devenu un bidonville pour les réfugiés fuyant les provinces du Nord. Bientôt, le bâtiment de l'école primaire situé à proximité a été transformé en hôpital temporaire pour accueillir les soldats blessés, ce qui a obligé l'école à utiliser certaines parties de notre *sunsan* pour les cours de gymnastique. Pendant cette période, nous avons même assisté à une scène inhabituelle où un professeur essayait de faire son cours juché sur une tombe.

De toute évidence, il était temps de déplacer nos lieux de sépulture, mais mon père et ses neuf frères et sœurs avaient du mal à se mettre d'accord sur la marche à suivre. Alors qu'ils étaient dans l'impasse, ma mère a eu l'idée d'incinérer tout le monde et de disperser les cendres le long de la rivière Nakdong. Cette suggestion était scandaleuse pour l'époque. Il n'a pas dû être facile pour elle d'exprimer son opinion en présence des femmes et des hommes de sa belle-famille qui, étant tous plus âgés qu'elle, détenaient davantage d'autorité dans la tradition coréenne. Cependant, ma mère a réussi à convaincre chacun d'entre eux en s'appuyant sur le fait que mon père, le fils aîné, était malade, et en soulignant la difficulté évidente de gérer les lieux de sépulture. Au bout du compte, c'est elle qui a pris en charge tout le processus de *pamyo* (파묘 : le fait d'ouvrir les tombes et de déplacer les corps qui y sont enterrés) et de crémation, avec l'aide d'un seul employé – autant dire que son argument, bien qu'accepté, n'a probablement pas satisfait les autres membres de la famille. Mais ma mère a préféré le pragmatisme et le changement à des traditions que tout le monde aurait certainement eu du mal à suivre.

Lorsque j'ai eu seize ans et que mon père est décédé, je suis devenu le chef de famille selon les règles coréennes de l'époque. L'une des premières décisions que j'ai prises a été d'adopter le calendrier solaire pour toutes les dates de *jesa* et d'annoncer aux membres de ma famille que nous n'honorerions plus cette tradition pour nos innombrables ancêtres, mais que nous nous concentrerions sur les deux générations les plus proches, c'est-à-dire celles de nos parents et grands-parents. Lorsque j'ai abordé le sujet pour la première fois, mes tantes n'en croyaient pas leurs oreilles, et elles se sont même présentées à plusieurs reprises avec de la nourriture et des objets rituels à des dates lunaires au lieu de dates solaires. Chaque fois, j'étais pris au dépourvu car j'avais cessé de suivre le calendrier lunaire, devenu désuet bien avant ma naissance. Pourtant, j'ai tenu bon, leur répétant que je ne serais plus capable de suivre les dates lunaires une fois que tous mes parents plus âgés, qui maîtrisaient ces notions, seraient décédés. Pour finir, tout le monde s'est peu à peu rangé à mon opinion. Depuis, nous honorons cette tradition coréenne selon le calendrier solaire, Dieu merci !

Après la mort de tous mes parents plus âgés, j'ai de nouveau senti qu'il était temps de changer. C'était vers 2002, à l'époque où ma femme et moi avons commencé à vivre avec nos enfants dans notre villa commune. Ma famille a eu une sérieuse discussion au sujet du *jesa*. J'ai décidé de célébrer les dates *jesa* de mes parents et de rendre hommage aux générations plus âgées lors de deux grandes fêtes coréennes, le Nouvel An lunaire et le *chuseok*, l'équivalent coréen de Thanksgiving, au lieu de leurs vraies dates de *jesa*. J'ai également suggéré que, puisque nous n'étions pas formés à suivre cette tradition à la lettre, nous devions la repenser dans son ensemble pour qu'elle corresponde mieux à notre réalité. Toute ma famille s'est assise autour de la table et un débat animé a suivi. Il en est ressorti deux principes : premièrement, notre *jesa* se ferait toujours sous forme de repas-partage ; deuxièmement, tous les membres de la famille devraient honorer cette tradition conformément à leurs croyances religieuses respectives. Depuis quatorze ans que nous appliquons ces principes, nous avons pu pratiquer notre version du *jesa* sans endurer les conflits que subissent encore de nombreuses familles coréennes quant au volume de nourriture à préparer, aux dates et à la quantité de célébrations annuelles et au nombre de générations à honorer.

Je suis médecin, c'est-à-dire que j'ai foi en la science. En revanche, je ne crois pas à l'existence de l'au-delà ou à celle de l'esprit affamé de mes ancêtres planant au-dessus de moi à la date anniversaire de leur mort, dans l'attente d'un festin. Pour moi, le *jesa* n'est donc pas vraiment un rituel pour les morts. Il s'agit plutôt d'un moment où nous, les vivants, pouvons rendre hommage à nos défunts et apprendre à accepter leur absence ; un moment significatif et mémorable pour ceux qui restent. Si les vivants doivent se disputer chaque année sur les détails de ce rituel et s'éloigner les uns des autres, cette tradition devient vide de sens et il vaut mieux la laisser s'éteindre. Et pourquoi ne pas adapter un rituel pour les morts à la réalité des vivants ? C'est sur la base de ces convictions que j'ai continué à essayer de trouver la bonne manière d'honorer cette tradition.

Mais voilà qu'aujourd'hui, mon fils va encore plus loin en proclamant qu'il compte y renoncer complètement. Cela signifie qu'une fois que je serai parti, il prendra la décision, en tant qu'aîné et chef de famille, de tourner le dos à des rituels qui exigent énormément de sacrifices et de travail de la part de tous les membres de la famille. Tout comme ma mère a proposé d'incinérer les corps de nos ancêtres, tout comme j'ai considérablement réduit et simplifié le *jesa*, mon fils exprime ainsi son respect pour les jeunes générations et pour ses propres besoins, et j'y vois aussi une volonté de modernisation. Certains pourraient juger cela inacceptable, bien sûr, et s'insurger contre le fait que nous ayons anéanti une vieille tradition mais, pour ma part, je suis tout à fait favorable au changement ! Je vois bien, en effet, que mon temps est révolu, et je me réjouis que la génération suivante soit désormais aux commandes.

Après ma mort, la question de cette tradition, comme tout le reste, sera entièrement du ressort de mes enfants. Le fait qu'ils prennent les choses en main et apportent des changements pour l'avenir ne fait que me soulager d'une partie de la charge qui pèse sur mes épaules. Il est temps pour moi de laisser à mes enfants le soin de prendre les décisions concernant la famille et de consacrer le reste de ma vie à moi-même et à mon bien-être. C'est extrêmement libérateur !

Chers lecteurs, ne le prenez pas personnellement lorsque vos enfants estiment qu'il est temps pour eux de prendre les rênes de la famille. Le vrai problème serait en effet qu'ils s'y refusent et comptent sur vous pour réunir la famille, ce qui vous obligerait à passer un temps précieux de votre vieillesse à vous préoccuper des petites et grandes affaires de vos proches. Ils continueraient ainsi à vous déléguer toutes les décisions importantes et à attendre chaque fois que vous exprimiez votre opinion. Quelle perte de temps ! Dans ce cercle vicieux, les parents âgés deviennent autoritaires et les enfants adultes perdent confiance dans la dynamique familiale. Il est déjà difficile de cultiver et préserver un lien fort avec ses enfants à un âge avancé, cela ne fera qu'aggraver la situation.

Certes, je comprends, en tant que parent, que vos enfants puissent ne pas être à la hauteur de vos attentes. Si vous avez vous-même accompli de grandes choses dans la vie, en particulier, vous pourriez trop facilement tomber dans le piège qui consiste à sous-estimer votre progéniture à chaque étape de leur existence. Mais vous devez apprendre à respecter vos enfants pour ce qu'ils sont. Même si, à vos yeux, ils commettent parfois des erreurs, vous devez les laisser en tirer des leçons à leur manière. Jusqu'à présent, vous avez bien élevé vos enfants : vous les avez nourris, habillés et éduqués, n'est-ce pas ? Il est temps, maintenant, de prendre du recul et d'accepter que votre travail de parent soit terminé. Apprenez plutôt à devenir leur meilleur soutien, quelle que soit la voie qu'ils choisiront dans la vie. N'oubliez pas qu'ils ne pourront pas grandir dans votre ombre et écartez-vous pour laisser entrer le soleil.

L'objectif ultime de tout parent est l'indépendance de ses enfants. Mais celle-ci ne s'obtient pas d'un coup. De même qu'il faut des centaines de chutes à un bébé pour apprendre à se tenir debout et commencer à marcher, tous les enfants deviennent indépendants progressivement, par tâtonnements. Vos propres enfants ne deviendront pas subitement indépendants mais apprendront à l'être au fur et à mesure de leurs essais et de leurs échecs. Permettez-leur d'apprendre d'abord à se tenir debout afin qu'ils puissent peu à peu décider par eux-mêmes. Quelle que soit l'époque, l'avenir commence toujours lorsque la nouvelle génération, nécessairement et inévitablement, dépasse l'ancienne.

CHAPITRE 4

Vous êtes un miracle vivant

En 2011, ma femme et moi sommes partis deux jours sur l'île de Jeju avec d'anciens étudiants de l'école de médecine et leurs conjoints pour célébrer le cinquantième anniversaire de l'obtention de notre diplôme. Le dernier jour de notre retraite étant un dimanche, certains de mes amis croyants sont allés à l'église. Dans l'après-midi, les pratiquants catholiques sont revenus furieux, extrêmement contrariés par certaines paroles du prêtre.

Celui-ci leur avait demandé ce qui les avait amenés ici depuis le continent, quelle occasion avait motivé leur voyage. Ils ont répondu qu'ils étaient venus célébrer le cinquantième anniversaire de leur diplôme de médecine, ce à quoi le prêtre avait répondu : « Oh, quelle longue vie ! »

Mes amis, outrés, n'ont pas pu s'empêcher de récriminer, même après leur retour à l'hôtel. Ils critiquaient le prêtre à coups de commentaires malveillants tels que « Comment ose-t-il nous traiter de vieux ? » et « C'est comme s'il nous demandait pourquoi nous n'étions pas encore morts ! »

Personnellement, je ne crois pas que ce prêtre pensait à mal. Il est plus probable que mes amis, qui avaient du mal à accepter de vieillir, aient interprété sa remarque de la pire façon qui soit. J'ai donc essayé de les calmer en leur disant : « Ne le prenez pas personnellement, le prêtre voulait sans doute vous féliciter d'avoir survécu à toutes ces épreuves. »

En réalité, la plupart des gens de ma génération, moi y compris, ont survécu de justesse au siècle dernier. Notre vie quotidienne a été constamment menacée par la pauvreté, la maladie et la guerre. À l'âge de six ans, j'ai contracté la typhoïde. À l'époque, nous ne disposions d'aucun moyen de traitement et, tout ce que je pouvais faire, c'était prier pour en sortir vivant. Heureusement, j'ai survécu à cette fièvre. Vers la fin de la domination coloniale japonaise, j'avais neuf ans et, à un an près, j'ai été exempté de l'appel à l'armée de l'air japonaise. Mais autour de moi, des garçons de dix, onze et douze ans ont été enrôlés comme apprentis kamikazes (pilotes d'avion-suicide). Lorsque j'avais quatorze ans, pendant la guerre de Corée, nous étions sur le point de perdre la ligne de front de la rivière Nakdong, et l'armée coréenne menait des battues nocturnes pour enrôler davantage de soldats. Je n'ai pas été incorporé, car je n'avais pas l'âge requis – à un an près, encore une fois – mais j'ai dû travailler aux côtés d'un dessinateur militaire et participer à la production d'affiches de propagande de guerre. Plus tard, je me suis retrouvé au cœur des remous de l'histoire coréenne, à l'époque de la Révolution d'avril et du soulèvement de Gwangju, mais j'ai réussi à survivre à tout cela jusqu'à aujourd'hui – si ce n'est pas grâce à une intervention divine, j'ignore comment je m'en suis sorti !

L'un de mes cousins, accusé d'être un sympathisant communiste, a été tué lors du massacre qui a eu lieu dans la vallée de Geochang, à Daegu. Son fils cadet est mort à l'armée pendant la guerre de Corée. Mon plus jeune oncle est également décédé durant cette guerre, et un autre oncle a été enlevé par l'armée nord-coréenne. Si vous interrogez des Coréens de mon âge, ils vous raconteront nombre de tragédies similaires. La mort et les catastrophes rôdaient toujours dans les parages, si bien que la vie elle-même ressemblait à un miracle. Comme je le dis souvent, « on croit que tout le monde peut vivre quatre-vingts ans, mais ce n'est pas le cas pour tous ».

Chaque fois qu'avec mon fils astronome, je parle de l'univers, les mots me manquent face à l'immensité de celui-ci. Cette planète où nous vivons est née par pur hasard, dans un univers sans limites qui s'étend bien au-delà de notre portée ; la race humaine n'existe que depuis un bref laps de temps dans toute l'histoire de la Terre – 4,6 milliards d'années. Moi, Rhee Kun Hoo, je ne suis qu'une minuscule particule de poussière qui flotte un instant et disparaît dans le grand ordre des choses. Alors, ne diriez-vous pas que l'existence de chacun d'entre nous est un miracle en soi ?

Quand j'étais jeune, je débordais de confiance et de détermination, persuadé que je ferais mon chemin dans la vie. Mon travail acharné a parfois été récompensé, parfois non, et je n'ai jamais tenu personne d'autre que moi pour responsable de mes succès et de mes échecs. Dans l'ensemble, cette vie a été à la fois heureuse et épanouissante. Mais, rétrospectivement, je constate que ma vie a été guidée par de grandes coïncidences et de nombreuses rencontres fortuites. Par bonheur, leur pouvoir a joué en ma faveur et je suis donc là, toujours vivant.

Ne tenez pas les plaisirs de votre existence pour acquis. La santé n'est pas un privilège dont tout le monde jouit, et elle n'est pas non plus la récompense de vos seuls efforts. Dans ce monde interdépendant, personne n'est seul. Que nous en soyons conscients ou non, nous avons toujours une influence les uns sur les autres. Lorsque l'on comprend la place que l'on occupe dans le grand ordre des choses, on ne peut que se sentir humble et reconnaissant. Et quiconque a vécu assez longtemps pour acquérir cette humilité peut avoir une grande influence sur l'existence des autres.

CHAPITRE 5

Chaque jour est une fête

En 2014, j'ai eu quatre-vingts ans en âge coréen. Jusqu'en 2023, les Coréens avaient une façon particulière de calculer l'âge d'une personne. Nous étions tous considérés comme ayant un an à la naissance, et chacun gagnait un an au début de chaque nouvelle année civile, quelle que soit sa date d'anniversaire. Quatre-vingts ans, à mon avis, c'est l'âge où la vieillesse appose sa marque, et je ne faisais pas exception à la règle. Paupières tombantes, cheveux blancs, audition et vue diminuées, démarche lente, épaules voûtées – autant de signes indéniables du grand âge. Je me suis dit que désormais, personne n'hésiterait à m'appeler « grand-père ».

Un jour que je montais les marches d'un viaduc pour me rendre à mon bureau, un homme d'âge moyen m'a lancé en passant : « Vous avez l'air en pleine forme, papy. » Je lui ai répondu par un simple sourire. Quelle saison de la vie cet homme traversait-il ? Peut-être celle des grandes responsabilités, qui peuvent être aussi écrasantes que gratifiantes. Oui, un automne précoce, une période où les fruits mûrissent une fois passés la brûlure du soleil et les orages d'été.

Aujourd'hui, ces deux saisons sont loin derrière moi et j'ai atteint l'hiver de la sérénité. Tous mes accomplissements et ma gloire appartiennent au passé, toutes mes colères et mes rancœurs ne me gênent plus pour avancer, je suis enfin libre et en paix avec le monde. À quatre-vingts ans, j'ai eu le sentiment d'entrer dans l'âge d'or de la vieillesse.

Comment partager avec mes proches la joie que me procurait cet âge ? Mon quatre-vingtième anniversaire approchant à grands pas, j'avais beaucoup de choses en tête. Je voulais organiser un événement marquant pour cet anniversaire et offrir des moments mémorables aux personnes envers lesquelles j'éprouve tant de reconnaissance.

« Cette année, chaque jour sera mon anniversaire », ai-je annoncé à ma famille lorsqu'elle m'a demandé ce que je voulais pour cette occasion. Quatre-vingts ans, c'était trop long pour les fêter en un seul jour, avais-je décidé. Quel intérêt de réunir tous mes parents et amis et de leur offrir un repas luxueux si je n'avais pas l'occasion de parler à chacun d'entre eux de manière significative ? J'ai donc voulu prendre une année entière pour rencontrer tous mes proches en personne, un par un, les remercier personnellement autour d'un délicieux repas, et faire avec eux le bilan de ma vie.

Bien sûr, aller voir quelqu'un à l'improviste pour fêter avec lui mes quatre-vingts ans, c'est trop de pression pour la personne concernée. J'ai donc pris des rendez-vous sans mentionner mon anniversaire. Et ce n'est qu'après avoir passé un excellent moment autour d'un bon repas, lorsque nous étions sur le point de nous séparer, que j'ai révélé à la personne que c'était mon quatre-vingtième anniversaire.

J'ai obtenu deux types de réactions. La première consistait à s'excuser : « Si tu m'avais prévenu, je t'aurais offert un meilleur repas ! » Mais j'ai largement apprécié tous les repas en question. La seconde réaction a été de me féliciter d'avoir eu l'idée originale de fêter mon quatre-vingtième anniversaire tout au long de l'année. Pour cette occasion, la famille a tendance à organiser quelque chose de grandiose et à y mettre le prix mais, le jour même, vous finissez généralement par vous sentir trop fatigué pour profiter de l'événement. Les amis que j'ai rencontrés cette année-là m'ont confié qu'ils devraient eux aussi réfléchir à la façon dont ils voulaient fêter leur quatre-vingtième anniversaire.

Combien de fois dans la vie pensez-vous devenir la star d'une fête, d'une grande célébration ? Votre premier anniversaire, votre mariage, votre soixantième, soixante-dixième, quatre-vingtième anniversaire… ? Soit moins de dix fois dans une vie ! Ces occasions font partie des rares moments où vos proches se réunissent en un même lieu pour vous rendre hommage mais, à trop vouloir respecter les convenances et les détails de l'événement, nous passons souvent à côté du plaisir de fêter et d'être fêtés. Les paillettes, c'est bien joli mais, en y regardant de plus près, on s'aperçoit qu'une telle journée peut souvent se révéler le chaos le plus total. Le véritable roi de ce genre de fête, en définitive, c'est souvent le propriétaire du restaurant où elle se déroule…

Vous souvenez-vous de la question que mes lecteurs me posent le plus souvent ? « Comment faites-vous pour vous amuser autant ? » Et ma réponse : « Quand ai-je dit que je m'amusais ? J'ai dit que je *voulais* m'amuser. » La vie est faite, en grande partie, de jours ordinaires plutôt que de plaisirs mémorables ou de chagrins extrêmes. Par conséquent, si vous continuez à trouver des défauts aux jours ordinaires, vous finirez naturellement par passer la majeure partie de votre existence à être mécontent et à vous ennuyer. En revanche, si vous recherchez la joie et le plaisir dans ces jours ordinaires, votre vie, au bout du compte, sera sacrément amusante. C'est mon secret pour une vie heureuse : rechercher la gaieté et l'amusement au quotidien. Et les jours de fête sont les meilleures occasions de s'amuser. Ce sont des jours où les autres sont disposés à vous rendre hommage, alors pourquoi ne pas en profiter pour vous faire fêter comme vous l'entendez ? Voilà qui serait plaisant, non ?

J'ai visité sur l'île de Jeju une exposition d'un artiste membre de la Family Academia, dont le support principal est la peinture d'Asie de l'Est, organisée à l'occasion de son soixantième anniversaire. En visitant l'exposition, je suis tombé sur le portrait d'une personne qui m'a semblé étrangement familière. En y regardant de plus près, je me suis rendu compte qu'il s'agissait de mon propre visage ! Remarquant mon étonnement, l'artiste m'a dit en souriant : « J'ai peint le visage de soixante des personnes les plus mémorables de ma vie au cours des soixante dernières années. J'ai été très heureux de travailler sur ce tableau. Il est basé sur une photo prise le jour où nous avons fait du bénévolat ensemble à l'orphelinat. »

Ses mots et sa peinture sont un cadeau qui fait chaud au cœur – quand je pense que c'est moi qui étais censé fêter cet homme ! La générosité dont il a fait preuve en transformant son propre anniversaire en une occasion de remercier les autres reflète certainement ce qu'il était : toujours gentil, attentionné et radieux vis-à-vis de son entourage.

Ce n'est pas parce qu'il ne vous arrive rien de spécial que vous devez vous ennuyer et vous désintéresser de la vie. On peut trouver n'importe où de quoi se divertir. La passivité est généralement source d'insatisfaction. La seule véritable façon de trouver l'amusement, c'est l'action.

Mon véritable quatre-vingtième anniversaire – selon le calendrier coréen – a eu lieu le 30 décembre 2014. À cette occasion, les treize membres de ma famille ont organisé une petite fête. Mes enfants sont allés au marché aux poissons dès le lever du soleil pour acheter des sashimis de première qualité, que j'adore, et nous nous en sommes régalés, ainsi que d'un ragoût de poisson composé des restes et arêtes. Ensuite, ils m'ont offert de l'argent, comme le veut la tradition coréenne. Nous avons également partagé quelques souvenirs des quatre-vingts années de ma vie. C'était parfait à tous points de vue, satisfaisant et décontracté, et aucun événement sophistiqué n'aurait pu mieux célébrer mes quatre-vingts printemps.

CHAPITRE 6

La liberté de choisir ses valeurs

Ces temps-ci, lorsque je regarde la télévision ou que je navigue sur Internet, je rencontre de nombreux mots que j'ai du mal à comprendre, généralement des acronymes. Je suis sûr que pour les jeunes générations, les déchiffrer est un jeu d'enfant mais nous, les seniors, trouvons ces termes intimidants. Cependant, ils sont si nombreux aujourd'hui, et si souvent utilisés qu'il est difficile de passer à côté. Ces acronymes sont devenus essentiels pour assurer la fluidité des conversations. Parfois, j'ai l'impression d'être un personnage de manga qui, déboussolé, cligne des yeux à chaque mot.

Au début, j'avais besoin de mes petits-enfants pour décoder les vocables les plus rudimentaires comme ㅋㅋ (lmao) ou ㅎㅎ (lol) mais, nom d'une pipe ! la tendance s'est drôlement accélérée au cours des dernières décennies, et ces acronymes sont désormais omniprésents. J'ai donc entrepris d'apprendre à maîtriser ces mots et acronymes inventés de toutes pièces en demandant l'aide de mes petits-enfants et en faisant mes propres recherches. *Gapbunssa* (갑분싸) traduit une gêne soudaine. On appelle *gaponam* (가포남) les hommes qui ont renoncé à fonder une famille ou à s'occuper de celle qui existait déjà et *gaponyeo* (가포녀) les femmes qui ont fait les mêmes choix. Ces acronymes en disent long sur notre société coréenne où l'on ne peut survivre dans un environnement professionnel que si l'on renonce à la famille. Les personnes qui font preuve de savoir-vivre sont appelées *gaetop* (개탑) et celles qui en sont dénuées sont des *gaetopbul* (개탑불). J'ai noté ces acronymes sur huit pages format A4.

Oui, c'était plutôt pénible, et cela m'a d'abord agacé, mais lire et écrire ces mots s'est finalement révélé assez amusant. L'un de mes préférés, qui a tout de suite attiré mon attention, est *sohwakhaeng* (소확행), qu'on peut traduire par « bonheur petit mais sûr », une tendance que suivent les Coréens du troisième millénaire et de la génération Z : s'en tenir aux bonheurs modestes mais fiables qu'on peut trouver dans la vie quotidienne au lieu de sacrifier son présent à la poursuite d'un bonheur lointain et incertain. Ce vocable est le triste reflet de la Corée du XXIe siècle, où ce que nous considérions autrefois comme acquis – stabilité de l'emploi, mariage et fondation d'une famille, possession d'un logement – est devenu une vaine promesse.

Vous savez ce que j'ai vraiment tiré de tout cela ? J'ai compris le sentiment de trahison que les jeunes générations doivent ressentir à l'égard du monde. Mais, d'un autre côté, je suis fier qu'elles aient mis le doigt sur ce que nous, les seniors, n'avons pas eu le courage d'affronter. N'avons-nous pas hypothéqué notre présent au nom de notre bonheur futur ? Nous sommes si nombreux à nous être répété : « Quand je serai entré à l'université, quand j'aurai trouvé un emploi stable, quand j'aurai obtenu une promotion, quand j'aurai gagné assez d'argent… » Oui, on nous a appris à ne pas rechercher le bonheur avant de s'y être longuement préparés. Or, les jeunes générations veulent vivre dans l'instant présent et cueillir le bonheur quand il est à portée de main, ce que je trouve très sage !

Dans nos sociétés modernes et compétitives, nous avons tous vécu de façon effrénée, avec une vision étroite des choses. La plupart d'entre nous, je pense, suivaient aveuglément la voie du succès sans prendre le temps de se demander si c'était la bonne. Nous avons cherché à atteindre nos objectifs coûte que coûte mais, un jour, nous nous sommes retrouvés à la retraite, avec nos enfants sur le point de quitter le nid et, dès lors, notre existence s'est mise à tanguer comme un navire sans mât : nous avions perdu notre but, la seule et unique boussole qui nous guidait dans la vie.

Si, en plus de tout cela, on se laisse envahir par l'idée que notre temps est compté, ce sera encore pire. Ce sentiment d'insécurité nous poussera à nous lancer dans des projets ambitieux : nous nous mettrons en devoir de tout accomplir, comme si nous étions encore à l'université, en train de passer une nuit blanche pour plancher sur un examen. Nous risquons de faire du zèle et de tenter tout ce qui est au goût du jour – sport, voyages, bénévolat, études, etc. J'ai vu des individus dépenser une petite fortune dans un équipement professionnel juste pour s'essayer à la photographie. Certains s'offrent les voyages les plus onéreux pour découvrir enfin le monde. D'autres se vantent de leur capacité à soulever des poids. Quoi qu'il en soit, chers lecteurs, nous sommes sûrement nombreux à être tentés de reprendre ce mode de vie compétitif, même après la retraite.

Mais l'âge offre étonnamment un autre merveilleux avantage : il n'est plus nécessaire de se fixer un objectif. À quoi va vous servir tout ce temps passé à étudier ? Ce n'est pas maintenant que vous allez décrocher un doctorat ! Vous ne deviendrez pas un athlète de niveau olympique, même si vous vous entraînez sans relâche. Vous pouvez vous vanter tant que vous voulez de vos lointains voyages, mais vous aurez du mal à trouver un public enthousiaste. Alors pourquoi, à un âge avancé, étudier, faire du sport et voyager ? Je vous recommande de le faire juste pour le plaisir, et non pour tenir un objectif ou en tirer une quelconque gloire.

Oubliez l'objectif pour le processus, passez de la motivation extrinsèque à l'auto-motivation. C'est une transformation qu'il vous faudra vivre tôt ou tard en vieillissant. La vie est plus longue que vous ne le pensez, et elle ne fera qu'augmenter à l'avenir. Si vous voulez voguer sur le long fleuve de la vieillesse, vous aurez besoin de quelque chose de mieux qu'un canot de sauvetage fait des valeurs d'autrui. Il vous faudra une embarcation solide et fiable, constituée de vos propres valeurs. Qu'aimez-vous ? Qu'est-ce qui vous inspire ? Qu'est-ce qui donne un sens à votre vie ?

Il y a des années de cela, j'ai regardé un documentaire fort intéressant intitulé *A Hundred Years Old : Shock*[7] (100세 쇼크). Lors d'une interview, une femme d'âge mûr se demandait depuis quelque temps ce qui lui plaisait vraiment dans la vie. « J'aime le travail utile et le bénévolat », a-t-elle déclaré, « mais, plus que tout, je veux me sentir pleine de vie, au plus profond de moi-même. » Finalement, elle a choisi la philosophie comme domaine de prédilection. Elle rayonnait de bonheur en affirmant qu'elle n'avait jamais imaginé qu'étudier la philosophie à son âge pouvait être aussi amusant.

7 *Cent ans : le choc.*

Je rencontre beaucoup de personnes âgées déprimées par la perte de leurs objectifs de vie. Mais existe-t-il d'autres buts, dans l'existence, que de vivre pleinement et d'être fidèle à soi-même ? À l'exception de la découverte et de l'épanouissement de sa propre personnalité, tout objectif n'est qu'un pis-aller. Il est temps pour vous de vous demander ce que vous désirez vraiment. La réponse à cette question est la clé de votre bonheur.

CHAPITRE 7

Le plaisir avant tout

En 1996, j'ai reçu de l'Association des écrivains coréens un prix assez étrange appelé « Le Prix hautement littéraire ». C'est une récompense octroyée à un écrivain qui se sent l'âme d'un auteur littéraire sans en être véritablement un. Quoi qu'il en soit, j'étais fou de joie. C'était comme si mon amour de longue date et unilatéral pour la poésie avait enfin été officiellement reconnu.

Ce n'est pas pour rien que je qualifie mon amour de la poésie d'unilatéral. Je suis un fervent amateur de poésie, mais je n'ai aucun talent lorsqu'il s'agit d'en écrire. Quand j'avais neuf ans, la Corée est enfin devenue indépendante, et j'ai appris la langue coréenne pour la première fois. Mon professeur, aux anges, voulait répandre la joie de l'indépendance coréenne ; il nous a donc emmenés dans un parc pour un cours en plein air. Nous devions consacrer deux heures à l'écriture libre. À l'époque, je traversais une période difficile et une crise d'identité due à toutes les transitions sociales qui ont suivi l'indépendance de la Corée. Naturellement, j'avais souvent la tête dans les nuages et, même pendant ce cours d'écriture, j'avais beaucoup trop de choses en tête. Alors que je rêvassais, j'ai soudain entendu mon professeur annoncer : « Les enfants, c'est fini ! » Deux heures s'étaient écoulées en un clin d'œil. Paniqué, j'ai écrit sur mon bloc-notes, en coréen : « Je suis venu dans ce parc pour un cours d'écriture. »

C'est ridicule, je sais, mais il s'agit de la toute première phrase que j'ai écrite en coréen. Vous l'aurez compris : je ne suis pas un poète et je ne le serai jamais.

Ce n'était guère différent au lycée. Vers la fin de la guerre de Corée, j'ai entendu parler d'une manifestation en faveur de la démocratie à Budapest, la capitale de la Hongrie. Profondément ému par cet élan démocratique dans un pays communiste, qui plus est l'un des États satellites de l'Union soviétique, j'ai écrit un poème que j'ai soumis à mon professeur de littérature. Je me souviens qu'il traitait de l'importance de la liberté. Mais le professeur qui, lui, était vraiment poète, m'a pris à part pour me dire : « Je n'ai aucune idée de ce que tu essaies de dire. »

Certes, un bon poète doit être doté d'une sensibilité aiguë (que je pensais avoir), mais il doit aussi avoir l'œil pour les mots et la versification. Or, mon poème ne tenait compte ni des uns ni de l'autre. Il ne pouvait donc pas transmettre mon sentiment, ce qui fait que mon amour n'était pas réciproque.

À l'université, j'ai même fondé une association de poètes amateurs et j'ai demandé à un professeur de nous former. Mais écrire de la poésie restait hors de ma portée. À mon grand regret, j'ai renoncé à devenir poète. Et pourtant, je suis resté toute ma vie épris de poésie.

Mais cette récompense – le Prix hautement littéraire – a ravivé cet amour. J'ai alors réuni quelques-unes de mes connaissances qui appréciaient la poésie autant que moi et j'ai créé ce que nous avons appelé le « Yeti Poetry Recital Club ». Les membres de ce club se réunissent le deuxième jeudi soir de chaque mois et chacun récite des poèmes, qu'il s'agisse de ses textes préférés ou de ses propres écrits, puis nous en discutons. Une fois par mois, nous nous rendons à l'orphelinat de Gwangmyeong pour tenir compagnie aux enfants. Le club vient de fêter son vingtième anniversaire.

Certains de nos membres sont des poètes publiés, mais la plupart d'entre eux sont des employés de bureau ordinaires. En d'autres termes, ceux-ci vivent une histoire d'amour unilatérale avec la poésie, tout comme moi. Ce sentiment d'appartenance est probablement la raison pour laquelle je me sens toujours à l'aise lors des réunions de notre club. Écouter nos membres lire leurs propres poèmes me procure un véritable sentiment de paix, et lire les miens à haute voix devant eux me donne l'impression d'être devenu un poète. Le Yeti Club a toujours été un espace où je pouvais me détendre et cultiver ma sensibilité poétique déclinante. Et je chéris, au-delà de ce que je peux exprimer par des mots, cette occasion mensuelle de devenir poète.

Dans le monde du travail, ce que l'on *sait* faire éclipse ce que l'on *veut* faire. Car, fondamentalement, tous les professionnels sont en concurrence. Tant mieux si on aime son travail mais, socialement, le mérite le plus important est celui de la compétence. C'est ainsi que cela fonctionne. Bien entendu, la concurrence est synonyme de stress : quand les attentes sont élevées, la pression est forte. Il en va de même si on parvient à obtenir le travail de ses rêves, car il s'agit tout de même d'un travail. Nous avons donc besoin d'une activité qui nous permette de nous faire plaisir, sans enjeu, sans besoin constant d'amélioration, et qui nous aide à décompresser. C'est pourquoi il nous faut un passe-temps en dehors du travail.

Prenez un moment pour faire le point sur votre vie : a-t-elle été compétitive ? Pensez à votre scolarité, où vous vous êtes efforcé d'obtenir de bonnes notes afin de suivre des études supérieures ; remémorez-vous votre acharnement pour décrocher un bon emploi et aller de l'avant – il y a eu tant de compétition ! Nous avons dû nous battre pour tout, toute notre vie, et nous essayons instinctivement d'être les meilleurs dans nos activités de loisirs. Mais il est impossible d'être bon dans tous les domaines. Il suffit de l'être dans son travail. Pour le reste, amusez-vous et faites ce que vous voulez. Je ne suis pas doué pour la poésie, mais voilà vingt ans que je m'y adonne sans scrupules ! Profitez simplement de faire ce que vous aimez, sans la pression de la concurrence, et voyez à quel point cela enrichit votre vie.

Aujourd'hui, j'ai deux hobbies. Le premier, c'est d'écouter des conférences à Galdar, une librairie spécialisée dans les textes scientifiques de référence. Cette librairie indépendante a été fondée par mon fils aîné, l'astronome, et ses amis passionnés de sciences, et j'en suis devenu actionnaire. C'est un beau projet : un lieu où l'on vend des livres scientifiques et où l'on organise des conférences sur les dernières découvertes. Chaque fois que j'assiste à l'une d'entre elles, je reste bouche bée devant les grands mystères de l'univers. Apprendre quelque chose de nouveau me procure un immense plaisir, même si on peut se demander ce que je vais faire de toutes ces connaissances à mon âge avancé. Que j'en fasse quelque chose ou non n'a aucune importance : je suis un vieil homme, et je devrais être libre d'explorer tout ce qui me fait plaisir, sans me soucier d'en faire usage.

Mon second passe-temps est la philatélie. Depuis que j'ai commencé à voyager au Népal, je collectionne pas mal de timbres-poste. Un jour, j'ai fait le tri dans ma collection et je me suis rendu compte qu'elle était assez conséquente. Qu'en faire ? Après avoir longuement cherché sur Internet, j'ai découvert une communauté en ligne appelée L'Association des amateurs de timbres. Dès que j'en suis devenu membre, je me suis mis à organiser des quiz divertissants récompensés par des timbres népalais. Au bout de quelques mois seulement, je suis devenu le membre le plus populaire. Depuis mes débuts en tant que novice absolu, j'ai énormément appris sur les timbres grâce à cette association, et ce, pendant deux ans. Sur la base de cette expérience, j'ai rédigé trois livres sur les timbres népalais, et l'un d'entre eux m'a valu un prix lors du Salon asiatique de la philatélie en 2018 à Bangkok. Toute cette reconnaissance pour une activité que j'ai commencé à pratiquer pour m'amuser après ma retraite – quelle aubaine !

Avec l'âge, votre univers professionnel se réduit, c'est naturel. Si vous êtes de ceux qui ne trouvaient de raison d'être que dans leur travail, vous risquez de traverser une terrible crise d'identité après votre départ à la retraite, voire de vous sentir totalement inutile. Mais la retraite, ce n'est pas la fin du monde. Pour vous ancrer dans votre nouvelle vie, vous devez apprendre à mettre en place un programme de passe-temps divers. Bien sûr, plus vous commencez tôt, mieux c'est. Mais il n'est jamais trop tard pour se lancer dans un nouveau hobby, même à l'approche de la retraite. Je m'y suis mis à quatre-vingts ans. Et rappelez-vous : pas de pression, rien que du plaisir ! Ne prenez pas ce conseil à la légère : je veux que vous vous lanciez dans les activités qui vous passent par la tête, juste pour le plaisir, et que votre vie s'en trouve enrichie.

CINQUIÈME PARTIE

C'EST AUJOURD'HUI QUE LE MEILLEUR COMMENCE

CHAPITRE 1

Faites la paix avec la grande inconnue

Lorsqu'il avait une vingtaine d'années, mon petit-fils m'a demandé un jour : « Grand-père, à ton âge, qu'est-ce qui te préoccupe ? J'ai toujours été curieux de le savoir. Tu sais, j'ai encore un long chemin à parcourir avant d'être aussi vieux que toi. »

J'ai réfléchi un instant avant de lâcher : « Ça t'intrigue, hein ? La vérité, c'est que je pense toujours à la mort. »

Mon petit-fils a eu l'air surpris. Il ne s'attendait probablement pas à ce genre de réponse de la part d'un homme qui faisait encore preuve de tant d'énergie et d'optimisme dans sa vie.

« Tu as peur de la mort, grand-père ? »

« Oh, bien sûr. Après tout, personne ne peut me dire à quoi ça ressemble. L'inconnu fait peur. Mais que j'aie peur ou non, je ne serai pas immortel. Toute existence a une fin. J'essaie donc de vivre pleinement chaque jour et d'en être reconnaissant.

Mon petit-fils a incliné la tête, pensif. Il ne comprenait probablement pas, pas vraiment. Lorsque j'étais jeune, je ne ressentais pas non plus le caractère inéluctable de la mort – du moins, pas comme aujourd'hui. Il faut traverser un événement bouleversant ou vivre de très nombreuses années pour commencer à prendre cette question vraiment au sérieux.

Comme je l'ai mentionné plus tôt, mon père est décédé à l'âge de quarante-neuf ans. J'étais au lycée, à l'époque. Après son décès, j'ai commencé à ressentir une terreur de la mort irrationnelle mais incoercible qui me rongeait l'estomac. J'avais peur de ne pas survivre à mon père. Il m'a fallu beaucoup de temps pour affronter enfin cette hantise, car je la refoulais sans cesse et j'étais dans le déni. Lorsque je me suis rendu dans l'Himalaya pour la première fois, j'avais quarante-neuf ans, l'âge de mon père lors de sa disparition. J'avais été sélectionné pour participer à cette expédition en tant que membre d'une organisation savante mais, à la fin du séjour, j'ai décidé de rester sur place pendant six mois supplémentaires pour faire du trekking dans tout le Népal. Pendant cette période, j'ai également gravi une montagne haute de 5 000 mètres en compagnie d'un sherpa, avec juste une tente sur le dos. C'est là que j'ai été confronté à ce que j'avais toujours soigneusement réprimé : la peur de la mort. J'étais un être humain fragile et vulnérable qui escaladait l'Himalaya. Sur cette montagne impitoyable, le moindre faux pas, la moindre intempérie pouvaient mettre fin à mon existence. Une fois que j'ai fait face à ma peur de la mort, elle est devenue un axe philosophique essentiel dans ma vie.

Permettez-moi de vous faire part d'une expérience où j'ai senti le souffle de la mort sur ma nuque. C'était en 2003, lors d'un voyage au Népal, encore, dans le cadre d'un volontariat médical. Tout à coup, je suis devenu aveugle d'un œil. C'était probablement dû au brusque changement d'altitude et de climat pendant ma randonnée, ou bien au stress lié à la prise en charge de mon groupe de volontaires, mais il s'est avéré que les vaisseaux sanguins de mon œil avaient éclaté. À mon retour en Corée du Sud, j'ai subi une intervention chirurgicale d'urgence dans un hôpital universitaire, mais ma vue ne s'est pas rétablie. Au cours de l'opération, les médecins ont découvert un rétrécissement congénital des vaisseaux sanguins dans mon cœur. La situation était si préoccupante que l'on m'a immédiatement programmé une autre intervention. Celle-ci consistait à prélever une artère de mon bras et à la transplanter dans mon système vasculaire cardiaque – un geste extrêmement délicat. J'avais une chance sur deux d'y rester. C'est à ce moment-là que j'ai pris une décision : si je survivais à cette opération risquée, je considérerais le reste de ma vie comme un bonus, et je ne me laisserais plus empoisonner par les regrets ou l'avidité.

Heureusement, l'opération a été un succès et, lorsque je suis revenu à moi, mon cœur s'est rempli d'une joie immense à l'idée d'avoir une seconde chance de vivre. Depuis, chaque jour, je me réveille avec cette pensée exaltée : quel miracle qu'un jour de plus me soit accordé, que je ne sois pas mort du jour au lendemain ! J'ai appris à apprécier la vie dans toute sa splendide banalité. Cela ne veut pas dire que j'ai vaincu ma peur de la mort, mais je ne la laisse plus me contrôler.

Douze ans plus tard, en 2015, j'ai de nouveau été confronté à la mort lorsque j'ai glissé en descendant l'escalier de ma villa. En tombant, j'ai atterri sur la tête. Allongé sur le béton froid, j'ai porté une main tremblante à mon front. Il était couvert de sang et mon crâne était enfoncé. Dans l'ambulance, j'ai pensé que c'était la fin. Le mot « mort » tournait en boucle dans mon esprit. Mais, sans que je sache pourquoi, je n'ai pas perdu mon calme. Je me suis même dit : « Quel dommage ! À un mois près, j'avais achevé mon manuscrit ! »

Comme c'est étrange ! Alors que toute ma vie, j'ai eu peur de la mort, j'affrontais ce dernier moment comme si j'avais tout transcendé ! Pourtant, miraculeusement, il s'est avéré que je ne souffrais d'aucune lésion cérébrale grave, seulement de blessures superficielles. Certes, l'hospitalisation qui a suivi a été une période de difficultés et d'inconfort difficilement supportables, mais j'ai eu la chance d'en sortir vivant et en bonne santé. C'est ainsi que j'ai été ramené à la vie. En comptant ces deux expériences de mort imminente, il s'agit pratiquement d'une renaissance, comme si j'avais de nouveau neuf ans.

Chers lecteurs, j'ai toujours senti la mort rôder autour de moi. Quelquefois, par peur, j'ai voulu la fuir. Mais aucun d'entre nous ne pourra jamais déjouer ce destin ou se libérer complètement de sa phobie de la mort. Ce n'est qu'en acceptant ce fait immuable que j'ai pu changer mon rapport à la vie. Chaque jour est désormais un cadeau, et je suis toujours étonné d'avoir survécu à toutes ces avanies. Maintenant que je suis âgé, je comprends enfin que si ma vie a brillé de mille feux, c'est parce que l'ombre de la mort a toujours plané sur moi.

Ces paroles peuvent sembler dignes d'un maître taoïste, suffisamment détaché pour ne pas craindre la mort. Mais aucun humain ne saurait être aussi éclairé. Certes, je comprends désormais comment la mort peut adoucir notre chère, très chère vie, mais sa perspective reste aussi terrifiante qu'elle est réelle. Cependant, je fais de mon mieux pour vivre sans me laisser obnubiler par elle, parce qu'il n'est pas en mon pouvoir d'échapper au destin humain. Chaque matin, après m'être réjoui de connaître un nouveau jour, je pense immanquablement à la mort. Je range cette pensée dans un coin reculé de mon esprit en me disant : « Un jour nouveau commence, amusons-nous ! » Grâce à cet optimisme, je peux tenir la mort à distance pendant la journée. Heureusement !

Lorsque j'étais enfant, des parents âgés du côté de ma mère gardaient un cercueil sur mesure dans un coin de leur salon traditionnel coréen et s'y allongeaient jour et nuit. C'était un rituel qui leur permettait d'accepter la mort qui approchait.

Comment surmonter la mort ? Nous ne le pouvons pas. Nous nous efforçons simplement de ne pas nous laisser submerger par la peur. Tout ce que nous pouvons faire, c'est nous entraîner à accepter humblement ce destin. Si vous continuez à lui résister, vous serez toujours frustré par votre impuissance et vous finirez par blesser vos proches. À un âge où il faudrait mettre de l'ordre dans vos affaires et couler des jours paisibles, vous risqueriez au contraire de vous torturer, d'en vouloir au monde entier et d'éprouver de la rancune envers les autres. Non seulement vous vous infligeriez des souffrances inutiles, mais vous laisseriez des cicatrices indélébiles dans le cœur de vos proches qui, d'une manière ou d'une autre, seront bien obligés de vous laisser partir.

La mort est le nom de la plus grande inconnue que vous devrez accueillir dans votre vie. Chers lecteurs, chacun d'entre nous doit se préparer minutieusement à lui ouvrir les bras, petit à petit, jour après jour. Votre acceptation naturelle et paisible de la mort sera le plus beau cadeau d'adieu que vous puissiez faire à vos proches. Je veille donc à m'entraîner pour le jour où cette grande inconnue arrivera sur le pas de ma porte, attendue mais sans s'annoncer. Puisse ce jour arriver sereinement et ma famille chérir ses souvenirs de moi quand je serai parti.

CHAPITRE 2

Remerciez votre partenaire de vie

Les phrases « Je ne veux pas » et « Je ne peux pas » expriment toutes deux un refus, mais elles diffèrent dans leur portée. On dit « Je ne peux pas » lorsque le refus est étayé par des raisons clairement exposées, ce qui permet à notre interlocuteur de ne pas le prendre personnellement, même si les justifications elles-mêmes peuvent être très subjectives et personnelles. En revanche, l'expression « Je ne veux pas » s'appuie sur des sentiments personnels de résistance et tend donc à être perçue comme beaucoup plus biaisée : « Je ne veux pas » signifie généralement « Je n'ai pas envie ».

Nous éprouvons tous le désir d'être acceptés par les autres, d'être aimés. Par conséquent, tout le monde peut ressentir la crainte d'être mal aimé et rejeté. Le rejet met en opposition les deux parties, qui risquent également de se froisser mutuellement au cours du processus.

Mais, comme dans le dicton coréen qui affirme que « même un moine ne peut raser sa propre tête », (중이 제 머리 못 깎는다) il s'avère que je n'ai pas toujours appliqué mes propres conseils. Un jour, je me suis aperçu qu'avec mon épouse, je n'utilisais guère d'expressions nuancées, recourant le plus souvent à « Je ne veux pas », « Je ne sais pas » voire simplement « Non ». Je n'ai pris conscience de mon laconisme que quand ma fille m'a lancé tout à coup : « Tu es bavard, aujourd'hui, ça ne te ressemble pas ! » Nous étions en voiture avec son mari, en route pour un bon restaurant que j'étais ravi de leur offrir. Mon beau-fils est alors intervenu, répondant à sa femme : « C'est peut-être parce que ta mère n'est pas là, ma chérie. »

J'ai alors réalisé que mes adresses à mon épouse se résumaient généralement à des assertions négatives et peu élaborées. Avec mes patients et mes étudiants, j'insiste toujours sur le fait qu'il vaut mieux éviter ce genre de langage avec son partenaire et, personnellement, je n'ai jamais apprécié ce genre de rhétorique mais, à ma femme, je dis « non » à longueur de journée. Quel imbécile ! Comment diable en étais-je arrivé là ?

Avec l'âge, chaque fois que ma femme abordait des sujets que je jugeais futiles, j'ai pris goût à cette rhétorique du « non ». Même lorsqu'elle s'inquiétait de ma santé, je balayais ses réflexions d'un revers de la main et n'y prêtais pas attention. Je me disais : « Voilà qu'elle remet encore ce sujet sur le tapis ! », et je ne répondais pas. Lorsque ma sensibilité était heurtée, je lâchais, comme un adolescent rebelle : « Je ne veux pas ! »

Après tout, je n'étais pas si différent des nombreux patients qui se chamaillaient constamment avec leur partenaire et venaient me voir pour une médiation conjugale. « Mon conjoint ne changera jamais, affirmaient-ils tous. Nous nous disputons pour les mêmes choses depuis le début de notre mariage. » Ou encore : « Mon mari est né comme ça. Il ne changera pas, je suis bête d'être restée avec lui ! » Tous rangeaient leur partenaire dans une case, persuadés qu'ils le connaissaient par cœur, trouvant à redire à tout ce qu'il faisait, refusant de l'écouter lorsqu'il essayait de lancer une conversation, s'attendant à ce qu'il répète la même chose, toujours la même chose. Ces préjugés ont lentement creusé entre eux un large fossé devenu de plus en plus difficile à combler. J'ai trop souvent observé que les membres d'un couple qui avait une excellente réputation hors de la maison se disputaient chez eux comme des chiffonniers, tout cela à cause de ces préjugés.

C'est un piège classique chez les vieux couples : mettre son partenaire dans une case. Avec le temps, le monde et les gens changent, mais la perception que nous avons de notre partenaire n'évolue pas toujours en parallèle. On devient moins curieux et plus indifférent, c'est dans l'ordre des choses. Même les disputes finissent par reproduire toujours le même schéma. Lorsque toute cette tension accumulée atteint un point de rupture, on envisage même de se séparer. Il est réellement dommage de voir que deux personnes qui, au début de leur relation, ne juraient que par l'autre et vivaient ensemble dans leur monde idéalisé, finissent par se lasser de leur conjoint et par se retourner contre lui.

Si vous en avez assez de vous disputer avec votre partenaire, demandez-vous si vous l'avez, vous aussi, rangé dans une case. La perception biaisée que vous en avez s'étant forgée sur une longue période, elle ne changera pas du jour au lendemain. Pour que ce revirement survienne, vous devez faire des efforts conscients, et je vous propose pour cela de suivre les trois étapes suivantes.

Premièrement, écoutez votre conjoint et laissez-le finir ses phrases. C'est ce que je recommande à tous les couples qui viennent me voir pour une médiation conjugale, et je leur demande toujours, une fois rentrés chez eux, de s'entraîner à s'exprimer chacun son tour. Quand l'un prend la parole, l'autre doit l'écouter, sinon, ils se finissent par se couper au milieu de chaque phrase… et la colère monte.

Si les disputes finissent par suivre le même schéma, c'est essentiellement à cause d'une réaction émotionnelle. Même si chaque prise de bec débute différemment, toutes tendent à révéler de vieilles rancœurs et, bien entendu, on en vient à rejeter la faute sur l'autre. Si votre partenaire vous critique injustement lors de ces accrochages, ne laissez pas la colère prendre le dessus et commencez par écouter. Maîtrisez vos émotions. Après s'être un peu défoulé, votre interlocuteur sera plus disposé à la conversation. C'est seulement alors que commence la vraie confrontation. Quand on se laisse guider par ses émotions, les disputes sont monnaie courante, mais si nous sommes capables de les aborder en gardant la tête froide, il est possible d'endiguer les pires d'entre elles.

Deuxièmement, évitez la suranalyse. En cas de conflit avec un conjoint, il est courant d'aller chercher trop loin la racine du problème. Mais, croyez-moi, cette approche résout rarement le conflit ou le problème lui-même. L'attitude qui consiste à dire « Je te connais mieux que quiconque » s'observe souvent chez les personnes qui ont tendance à disséquer et critiquer le comportement de leur partenaire, à énumérer ses torts et à exiger qu'il change, et elles sont promptes à les blâmer, ce qui ne mène à rien.

Mais jusqu'à quel point peut-on vraiment comprendre l'autre, quelle que soit l'ancienneté de la relation ? Après tout, comme disent les Coréens : « On peut sonder l'eau à dix brasses de profondeur, mais jamais l'esprit de quelqu'un. » (열길 물속은 알아도 한길 사람 속은 모른다) Nous avons tous des préjugés et ne pouvons étudier les autres que de notre propre point de vue. La perception que vous avez de votre partenaire est en réalité le seul résultat de votre interprétation ou de vos projections intimes. Aussi, n'essayez pas de coller hâtivement une étiquette à votre partenaire ou de l'adapter à vos goûts.

Même si vous avez raison sur certains points, qu'y faire ? Les individus ne changent pas facilement. La génétique, les relations familiales et les circonstances sociales jouent un rôle dans leur personnalité, qui devient alors indissociable du chemin de vie qu'ils ont emprunté. Comment changer du jour au lendemain cette personnalité forgée au fil des décennies ? Et quelle tragédie si vous passez dix ou vingt ans à essayer de changer votre partenaire et que vous finissez par vous en vouloir l'un l'autre !

Vous devez accepter votre conjoint tel qu'il est au lieu de vouloir tout comprendre de lui. Pensez à cela : ne vous êtes-vous pas marié pour vous assurer sa présence indéfectible à vos côtés ? N'attendiez-vous pas de votre partenaire qu'il vous accepte tel que vous êtes ? Alors, acceptez-le aussi avant de vous plaindre qu'il ne changera jamais. Si vous persistez dans vos préjugés, si vous restez critique et refusez sa personnalité, cela ne fera que mener à d'autres conflits.

Troisièmement, optez pour une rhétorique plus adaptée. Dès le début de notre mariage, mon épouse et moi avons établi une règle : quand nous étions au bord de la dispute, nous devions prendre le temps de nous adresser l'un à l'autre en recourant à des formules honorifiques.

Celles-ci nous ont toujours permis de nous calmer et de prendre du recul avant d'analyser la situation, car il est difficile d'injurier un interlocuteur qui s'adresse à vous en de manière polie et respectueuse. En coréen, ces formules s'étendent également aux verbes, ce qui entraîne un changement radical dans le discours et donne le ton de la conversation à venir. Bien qu'elles diffèrent dans leur forme, la plupart des langues possèdent ce genre de formules qui vous permettront d'exprimer le plus grand respect, et je vous recommande d'utiliser ces formes de politesse lorsque vous êtes sur le point de vous disputer. Cette méthode aide également à retrouver une estime de soi qui a peut-être été mise à mal par les disputes, et elle peut vous obliger à vous respecter mutuellement.

Quand j'ai pris conscience de la façon dont je traitais ma femme, j'ai aussitôt appliqué ces trois conseils à mon couple. Un, j'ai écouté mon épouse jusqu'au bout, quoi qu'il arrive. Deux, je l'ai acceptée telle qu'elle était. Et trois, en réponse à des questions que, jusque-là, je jugeais pénibles, j'ai remplacé mes « non » laconiques par « Je ne peux pas parce que… » et exposé mes raisons. Ces simples changements de rhétorique ont permis de désamorcer la plupart des conflits. Tout ce que mes manifestations de résistance n'ont pu endiguer a été résolu par le simple recours à un langage respectueux. Telle est la nature délicate du mariage, chers lecteurs.

Je repense à toutes les années que j'ai passées avec ma femme : fillette effrontée, étudiante brillante, mère solide de quatre enfants, sociologue respectée et grand-mère aux cheveux blancs, tout cela est inscrit sur son visage. Si la vie d'une femme peut être aussi variée, comment puis-je supposer que je connais si bien mon épouse ? À un âge avancé, votre partenaire est votre meilleur ami. Avant de perdre cet ami irremplaçable, demandez-vous si vous n'avez pas, vous aussi, laissé vos préjugés le ranger dans une case.

CHAPITRE 3

Le plaisir de ne pas tout savoir

Il y a quelques mois, le café que je fréquentais régulièrement depuis trois ans a fermé ses portes. C'était un bel établissement, très confortable, où la propriétaire travaillait sans employé. Pour parfaire l'ambiance, on trouvait sur les étagères des objets tricotés et des tasses à café fabriquées par la patronne elle-même, preuves de son bon goût. Dès que je m'y installais, je me sentais comme chez moi. C'était mon lieu préféré pour les rendez-vous occasionnels et, lorsqu'un programme de Family Academia s'achevait, je rejoignais souvent une foule de membres pour y prendre un thé ou un café.

La propriétaire avait ouvert ce commerce à son retour en Corée après avoir vécu longtemps à l'étranger mais, un jour, elle a décidé de déménager à nouveau, d'où la fermeture définitive. Elle a déclaré qu'elle était profondément désolée de décevoir ses fidèles habitués. Cependant, quelque chose me taraudait : jamais, au cours des trois dernières années, je n'avais pris la peine de m'intéresser au nom de son établissement ! Comme tout le monde l'appelait « le café blanc sur la colline », je n'avais aucune raison de l'apprendre par cœur, je suppose. Après quelques hésitations, j'ai fini par lui demander : « Je suis désolé, mais pourriez-vous me parler un peu du nom de votre café ? »

« C'est la Casa de Gina. *Casa* signifie maison en espagnol, et je m'appelle Gina. »

J'ai regretté de ne pas avoir pris la peine de l'interroger plus tôt. Après un court silence, la propriétaire m'a posé cette question :

« Pourquoi commandez-vous toujours un cappuccino ? »

J'ai un aveu à faire : je ne connais rien au café. Pendant près de trente ans, de mon premier emploi à ma retraite, je n'ai bu que du café instantané. Mais, peu à peu, j'ai commencé à voir des cafés de différentes origines et marques apparaître sur les étagères des commerces, et les établissements proposant plus de vingt sortes de cafés se sont multipliés, ce qui a suffi à me donner le vertige. N'étant pas un connaisseur, j'ai opté pour le cappuccino, simplement parce qu'il est saupoudré de cannelle et, aujourd'hui encore, c'est mon choix habituel.

J'ai répondu : « À l'école primaire, j'étais camarade avec le fils d'un herboriste oriental qui apportait chaque jour une poignée de cannelle à l'école et la partageait avec la classe. À l'époque de la colonisation japonaise, nous vivions tous dans la pauvreté. Imaginez donc le plaisir que cela représentait pour nous tous. C'était notre seule collation. Et quel goût inoubliable ! »

Cela dit, je trouvais absurde de n'avoir appris le nom du café que j'avais fréquenté pendant trois ans qu'au moment de sa fermeture définitive, et de ne rien savoir du cappuccino, si ce n'est qu'il était parfumé à la cannelle. Aussi, de retour chez moi, j'ai cherché l'origine de cette boisson. Il s'est avéré qu'elle est née dans l'ordre franciscain des capucins en Italie. Les frères de cet ordre portaient une cagoule, *cappuccio* en italien, attachée à leur robe, et le cappuccino a été nommé ainsi parce que la partie supérieure brune et mousseuse de la boisson ressemblait à cette cagoule.

Je connais enfin le nom de cet établissement, sa signification et l'origine du capuccino, mais mon café préféré allait disparaître. Il est vrai que, bien souvent, on ne reconnaît un amour de jeunesse que rétrospectivement, on ne voit pas les trésors qu'on possède tant qu'on ne les a pas perdus. Je suppose que certaines choses dans l'existence ne s'alignent pas toujours comme on le voudrait : nous avons parfois un temps de retard.

La vie a toujours été ainsi, n'est-ce pas ? La sagesse dont j'aurais pu faire preuve en temps de crise a toujours été acquise trop tard : ce n'est que lorsque mes enfants ont grandi que j'ai enfin compris le rôle de parent, et les cheveux de ma femme étaient déjà blancs comme neige lorsque j'ai enfin appris à lui exprimer ma gratitude. Maintenant que j'ai atteint l'âge qu'avait ma mère à son décès, je comprends enfin les contraintes physiques et émotionnelles qu'elle a dû subir dans sa vieillesse. J'éprouve ce sentiment familier : « Si seulement j'avais su à l'époque ce que je sais aujourd'hui ! » Cela n'aurait-il pas allégé ce fardeau de remords insupportables ?

Mais il m'arrive aussi de me demander si, en revenant cinquante ans en arrière, je serais réellement capable de faire de meilleurs choix ou de mener une meilleure vie. Après mûre réflexion, je finis toujours par secouer la tête : davantage de connaissances ne garantissent pas une vie meilleure. En toute honnêteté, mon ignorance m'a parfois permis de faire preuve de courage et, parce que je n'avais pas fait ma place dans le monde, j'ai continué à me battre. Comme je ne voyais pas le malheur qui m'attendait, je pouvais plonger tête baissée dans la vie, et comme je ne connaissais pas les échecs qui se profilaient, j'ai relevé défi sur défi. Si j'avais su à l'avance comment les choses allaient se dérouler, aurais-je pu être aussi téméraire, persévérant et dynamique ? N'aurais-je pas passé mes journées à me résigner, à déprimer, à avoir peur de tenter quoi que ce soit ?

Qu'est-ce qui fait la force de l'humain ? Je pense que c'est l'espoir que demain sera meilleur qu'aujourd'hui. C'est ce qui nous maintient en vie. Et l'espoir naît du fait de ne pas savoir : nous connaissons le présent mais pas le futur. C'est pourquoi nous nous efforçons de donner à chaque lendemain une meilleure orientation, cela permet de lutter contre la renonciation et la colère. Ne sous-estimez pas le pouvoir de l'ignorance, cher lecteur. Nous avons tous fait de grands efforts parce que nous ne savions pas ce que l'avenir nous réservait, et nous voilà en train de vivre notre présent.

Avec l'âge, de nombreuses personnes ont tendance à se sentir abattues et résignées, comme si elles n'avaient plus rien à apprendre. Elles se plaignent qu'elles ne découvriront plus rien de nouveau, que l'avenir ne leur réservera plus aucune surprise. Mais, quel que soit notre âge, nous sommes toujours des personnes nouvelles à l'étape de la vie que nous traversons au présent. J'ai peut-être quatre-vingt-sept ans cette année, mais je n'ai jamais vécu l'existence d'un individu de quatre-vingt-sept ans auparavant. En d'autres termes, je ne suis pas différent de quelqu'un de beaucoup plus jeune en ce qui concerne mon ignorance de ce continent mystérieux appelé « demain ». Alors, tant que vous respirez, je vous encourage à rester curieux. N'ayez pas peur de vous lancer dans de nouvelles expériences et de relever des défis, qu'ils soient petits ou grands. C'est la seule façon de vivre pour nous autres humains, ignorants que nous sommes de notre avenir.

Même si, un jour, vous nourrissez des regrets et ressassez le vieux mantra « si seulement je l'avais su à l'époque », n'oubliez pas qu'il s'agit d'un écho de la vie que vous avez vécue du mieux que vous pouviez. Et rappelez-vous, chers lecteurs : pour le meilleur ou pour le pire, même si vous l'aviez su à l'époque, cela n'aurait probablement rien changé.

CHAPITRE 4

Le monde est petit

De combien de connaissances sept milliards de personnes, soit l'ensemble de la population mondiale, ont-elles besoin pour se sentir socialement connectées ? Cette question intrigante a été posée par Stanley Milgram, un psychologue américain. En 1967, dans le cadre de ce que nous appelons aujourd'hui « l'expérience du petit monde », il a calculé le nombre de connaissances personnelles nécessaires pour que deux personnes vivant dans des régions éloignées finissent par tisser des liens sociaux. Il s'avère que nous avons besoin de six connaissances en moyenne. En exagérant, cela signifie que le monde entier peut en quelque sorte se lier d'amitié lorsque chaque individu possède au moins six connaissances.

À l'ère de l'Internet à haut débit, cette théorie est toujours d'actualité. En 2008, Microsoft a analysé les *chats* sur Messenger et constaté que chaque utilisateur était en moyenne à 6,6 connexions sociales d'un autre. En 2016, des études menées par Facebook ont montré que ces connexions pouvaient même se réduire à trois. Quoi qu'il en soit, il est clair que nous vivons dans un monde bien moins vaste que nous ne le pensons.

J'ai eu plusieurs fois l'occasion de constater combien le monde dans lequel nous vivons est petit. Comme je n'ai pas de voiture, je prends souvent le taxi et, pour une raison que j'ignore, je tombe toujours sur des personnes inattendues. Une fois, un chauffeur de taxi qui semblait avoir à peu près mon âge m'a demandé si, par hasard, j'étais originaire de Daegu. Il a probablement perçu des traces de l'accent de mon dialecte de cette région. Je lui ai dit que j'avais effectivement grandi à Daegu, et il m'a demandé : « Connaissez-vous Untel, par hasard ? »

Bien entendu, c'était le cas. L'individu en question était un voyou notoire dans ma ville natale à l'époque où j'étais enfant. Il était connu pour filer sans attendre son reste et être aussi hargneux qu'un chien, et la rumeur affirmait que même les canailles des autres villes ne l'avaient jamais vaincu dans un combat.

« Bien sûr ai-je répondu, tout Daegu le connaît. J'ai moi-même pris une raclée par ses soins au détour d'une ruelle. »

Au collège, j'étais grand pour mon âge, ce qui faisait de moi une cible repérable pour les voyous de mon quartier. J'ai même décidé d'apprendre le karaté après avoir été plusieurs fois passé à tabac.

« Oh, mon Dieu, vous n'imaginez pas à quel point je suis désolé ! Ce garçon, c'est moi. C'était une terrible erreur de jeunesse ! J'ai changé et je gagne honnêtement ma vie, aujourd'hui. »

Quelle incroyable coïncidence ! Je n'ai pu m'empêcher de rire : je pensais ne jamais le revoir de ma vie, mais un coup du sort m'avait placé dans la voiture de ce voyou ! Au moment où j'ai voulu payer ma course, il a refusé de prendre mon argent, continuant de se répandre en excuses. Avant de partir, il m'a dit qu'il était réellement soulagé d'être tombé sur moi et d'avoir pu enfin me demander pardon. Il semblait tout aussi pressé de s'en aller qu'autrefois.

Permettez-moi de vous relater une autre étrange rencontre avec le « petit monde ». Un jour, j'ai hélé un taxi près de Gwanghwamun pour me rendre à Dongdaemun, et un jeune chauffeur s'est exclamé : « Monsieur, vous ne vous dirigez pas vers l'hôpital Ewha, par hasard ? »

Comment diable le savait-il ? Je suis monté, perplexe, puis le conducteur m'a expliqué : lorsqu'il était soldat, je l'avais soigné, à l'époque où j'étais médecin militaire, après quoi il était retourné guéri dans son peloton. Nous avons discuté du bon vieux temps pendant tout le trajet.

En arrivant à Dongdaemun, lui aussi a refusé mon argent. Cependant, je lui ai fourré dans les mains une somme un peu plus élevée que le montant de la course, et j'ai décampé avant qu'il puisse protester.

Réfléchissez à ceci, chers lecteurs : à votre avis, que serait-il arrivé si je l'avais traité par-dessus la jambe à l'armée parce qu'il n'était qu'un patient parmi d'autres, ou que je lui avais fait du tort d'une quelconque façon ? Ne pensez-vous pas que cette histoire aurait pu être totalement différente ? Du genre qui vous donne froid dans le dos ? Heureusement, je n'avais fait aucun tort à cet homme, et nos retrouvailles inattendues se sont merveilleusement déroulées. Une fois de plus, j'ai pris conscience de l'importance de me montrer bienveillant vis-à-vis des personnes que je croise dans ma vie.

Ces derniers temps, le *gapjil* (갑질) est un sujet brûlant en Corée du Sud. Il désigne le comportement abusif d'un « cador », une personne en position de pouvoir – *gap* en coréen – envers un individu dénué de ce pouvoir. Dans les cas extrêmes, il s'agit même d'actes de violence physique et verbale. Pourquoi certaines personnes maltraitent-elles et méprisent-elles les autres ? C'est probablement parce qu'elles les considèrent comme de simples moyens d'arriver à leurs fins. Les outils sont faciles à éliminer et à remplacer lorsque vous ne pouvez pas les plier à votre volonté.

Ce type d'instrumentalisation des êtres humains est très répandu dans notre société. Elle ne s'arrête pas au *gapjil*, on la retrouve aussi dans l'évaluation drastique des jeunes générations sur la seule base de leur CV, dans les licenciements massifs sans préavis, les agressions sexuelles qui se produisent dans tout le pays, les insultes des clients sur les employés des centres d'appels ; tout cela atteste d'une humanité qui s'étiole dangereusement. Ces problèmes surviennent lorsque l'on ne considère pas les autres comme des égaux – comme des êtres humains, tout simplement.

Jusqu'à présent, notre société a fermé les yeux sur ces problèmes, mais il est temps de nous demander comment retrouver notre humanité collective, notre bienveillance les uns envers les autres. À quoi sert-il de se lancer dans une concurrence effrénée et de comparer sans cesse la taille de notre portefeuille alors que l'urgence, aujourd'hui, est de rendre la société vivable pour chacun ? Le moins qu'on puisse faire, c'est de se respecter mutuellement.

Tous ceux qui me connaissent savent que j'ai un faible pour le mot coréen *inyeon* (인연). Il désigne les liens qui nous unissent – autrement dit, les relations humaines. Comme Milgram l'a découvert lors de l'expérience du petit monde, les relations humaines sont comme un entrelacs de lianes. À travers ce réseau d'enchevêtrements sociaux, nous nous influençons les uns les autres. On ne sait jamais comment les conséquences de nos actes vont nous retomber dessus. Comment aurais-je pu savoir qu'un jour, je monterais dans un taxi conduit par le voyou qui m'avait frappé quarante ans plus tôt ? Si vous gardez en tête cette simple vérité de l'*inyeon*, de l'interconnexion de toutes les relations humaines, vous ne penserez plus à être malveillant avec qui que ce soit dans votre vie.

Un proverbe coréen déclare que « même un petit caillou qui rencontre le bout de votre chaussure est une œuvre du destin » (길에 돌도 연분이 있어야 찬다). Si une petite pierre qui roule à votre pied est un lien fatidique, que dire alors des relations humaines ? Soyez bienveillant avec ceux qui entrent dans votre vie. N'oubliez pas que le monde est très petit : vos actes de malveillance ne resteront pas sans effets.

CHAPITRE 5

Nous sommes tous dans le même bateau

« Quand je me retourne sur ma vie, je me rends compte que j'ai rencontré tellement de gens bien ! » a déclaré un jour un de mes anciens professeurs lors d'une conférence destinée aux membres de la Family Academy. Il n'entendait pas par là qu'il avait été intentionnellement sélectif quant aux personnes qu'il avait laissées entrer dans sa vie, simplement qu'il avait croisé beaucoup de gens bien au fil des ans. Il se considérait modestement comme un homme chanceux. Mais, bien sûr, je savais que c'était son amabilité et son sourire chaleureux qui favorisaient ces relations bienveillantes.

Personne n'est seul en ce monde. Le riz vapeur que vous engloutissez sans réfléchir est passé par de nombreuses mains avant d'arriver sur votre table, alors imaginez ce qu'il en est de la vie d'une personne ! Les parents, les enseignants, les amis et les innombrables individus qui ont croisé mon chemin ont fait de moi la personne que je suis aujourd'hui. Lorsque je constate combien nous sommes tous interconnectés, je me rends compte que je suis véritablement redevable à tout le monde. C'est pourquoi je ne saurais trop insister sur l'importance de partager ce que nous avons et de rendre à la communauté ce qu'elle nous a donné.

J'ai commencé à faire du bénévolat au Népal en 1989, d'abord par passion de la montagne : l'Himalaya m'a toujours fait rêver. Lors de ma première visite au Népal en 1982, j'ai aussitôt été fasciné par la nature spirituelle de la culture népalaise. J'ai beaucoup appris de ce séjour, et je pensais sans cesse à ce que je pourrais faire pour rendre la pareille aux habitants de cette région. Étant donné ma profession, j'ai créé le groupe de volontaires médicaux Ewha, comme je l'ai mentionné précédemment, et, pendant treize ans, je me suis rendu au Népal à toutes les vacances d'hiver pour fournir des services médicaux gratuits aux patients des régions reculées, jusqu'à ce que je prenne ma retraite en 2011.

Par ailleurs, je suis parrain de l'orphelinat de Gwangmyeong. C'est ma mère, une femme pleine de compassion, qui est à l'origine de ce parrainage. Elle s'est occupée d'orphelins de guerre confiés par des réfugiés fuyant vers Daegu pendant la guerre de Corée. Par coïncidence, j'ai ensuite été posté à proximité en tant que médecin militaire et, depuis, j'offre mes services bénévoles à l'orphelinat.

Je tenais à faire mon possible, en tant que médecin, pour tendre la main à ces enfants au cœur brisé et les aider à guérir. C'est ainsi qu'est née l'idée de créer le Muha Cultural Sarangbang (무하문화사랑방), dans le but d'offrir aux enfants des activités artistiques et des programmes éducatifs.

Certaines personnes me félicitent pour mon engagement de longue date dans le bénévolat. Cependant, ce n'était pas exactement dans mes plans, et je réponds généralement que c'est arrivé « comme ça ». Je suis juste tombé amoureux du Népal, et la seule contribution significative que je pouvais apporter, c'était mes connaissances et compétences médicales. Pour les orphelins de guerre, j'ai pensé qu'on pouvait soulager leur chagrin grâce à l'art, et il se trouve que je connais de nombreux poètes et artistes susceptibles de m'y aider, car j'ai toujours été un fervent adepte du monde de l'art. Je n'ai fait qu'assembler les différentes pièces du puzzle. J'ai donné ce que j'ai pu, année après année, sans jamais voir les choses en grand ou penser m'engager à vie en tant que bénévole. C'est pourquoi je reçois ces éloges avec la plus grande humilité.

Je crois sincèrement que tout le monde devrait apprendre à partager, même à petite échelle. Il n'est pas nécessaire de consacrer beaucoup de temps au bénévolat ou de donner de grosses sommes d'argent. Partager n'a pas à être difficile. Vous pouvez reporter votre don jusqu'à ce que vous soyez financièrement à l'aise et que vous gagniez davantage que ce que vous percevez à présent. Mais l'argent n'est pas la seule chose qu'on peut partager. En réfléchissant bien, on trouve toujours d'autres moyens de rendre à la communauté ce qu'elle nous a donné.

Un jour, dans un taxi, le chauffeur m'a demandé mon âge. Comme j'étais d'humeur enjouée, je lui ai répondu que j'étais né en 1935. Après avoir fait les comptes en silence, le chauffeur m'a lancé : « Vous ne faites pas votre âge, vous avez l'air en pleine forme, monsieur ! » Je me suis mis à rire intérieurement. En pleine forme, avec tous mes problèmes de santé ? Bien sûr, le conducteur ne pouvait pas penser ce qu'il disait, il essayait juste de me faire plaisir. Touché par cette attention, je l'ai remercié.

Durant le trajet, ce chauffeur m'a parlé de son père défunt. Arrivé à destination, je lui ai tendu ma carte de crédit et il a secoué la tête. « Mon père est mort à l'âge de quatre-vingt-un ans m'a-t-il confié. Je regrette de ne pas l'avoir mieux traité de son vivant. Alors j'ai pour principe de ne pas faire payer les clients de plus de quatre-vingts ans. » J'ai trouvé émouvant qu'il honore son père en se montrant gentil avec les personnes âgées. Il avait trouvé un moyen merveilleux de partager à sa façon.

Voici encore une histoire de taxi. Elle date de l'époque où je donnais des cours dans le cadre d'un programme d'études supérieures à l'université de Corée. Cette fois, je suis monté dans un véhicule près de l'hôpital universitaire d'Ewha. Le chauffeur, qui semblait très jeune, m'a demandé où j'allais.

« À l'université de Corée. »

« Oh, vous vous rendez sur le campus ? Dites-moi dans quel bâtiment et je vous conduirai directement à la porte. »

C'était tellement gentil de sa part ! Le chauffeur s'est repéré sans effort dans le campus avant de s'arrêter juste devant mon bâtiment. Je lui ai remis le prix de la course, qu'il a refusé. Il s'est avéré que ce chauffeur était lui-même étudiant à l'université, et il a déclaré qu'il ne pouvait pas faire payer un professeur enseignant dans son établissement. Il travaillait à temps partiel afin d'économiser pour se payer des cours particuliers pendant les vacances. Une fois de plus, j'ai été profondément touché par la générosité de ce jeune homme qui pratiquait la vertu du partage alors même qu'il disposait de si peu de moyens. Aussi, je lui ai donné plus que le prix de la course et je me suis enfui.

Les bouddhistes dénombrent sept dons (ou pratiques) non matériels appelés *mujaechilshi* (무재칠시 / 無財七施) : un regard tendre et réconfortant, un visage qui rayonne d'un sourire compatissant, des paroles respectueuses et belles, des actions bienveillantes, un cœur doux et compréhensif, la générosité d'offrir des sièges confortables aux autres et la gentillesse de proposer à quelqu'un un endroit où dormir. Réfléchissez-y, chers lecteurs : est-ce que ce ne sont pas les actes de bonté les plus modestes qui vous ont toujours surpris et ému ? Offrez aux autres ce que vous recherchez en eux.

Commencez modestement : le bénévolat n'est pas différent de toute autre activité. En réalité, vous n'avez pas besoin d'une grande richesse ou d'une abondance de temps pour rendre service à votre communauté. Vous pouvez trouver quelque chose à partager à partir de ce que vous avez, et il y a toujours des moyens d'agir. Le chemin vers une vie de partage significatif commence par la reconnaissance de ces petits actes de gentillesse que vous pouvez vous permettre de faire à l'instant même.

CHAPITRE 6

La simplicité avant tout

Je vais être honnête : je suis né seul fils d'une famille aisée. Au début de ma vie, je ne manquais de rien. C'est sans doute pour cette raison que je ne connais pas grand-chose en finances et que le sujet me laisse relativement indifférent. Aussi loin que je me souvienne, l'argent n'a jamais eu de véritable pouvoir sur moi. Par pouvoir, j'entends celui qui peut détruire ou rendre fou. Lorsque l'entreprise familiale a fait faillite et que mon père est décédé, nous ne savions pas ce que nous allions manger au prochain repas. Mais ma mère a dit au lycéen que j'étais à l'époque de se concentrer sur ses études. C'est ainsi que je suis resté ignorant pour tout ce qui a trait à l'argent, alors même que ma famille se trouvait dans une situation financière désastreuse.

Lorsque j'étais à l'université, le propriétaire de notre logement avait l'habitude de traîner des sacs de détritus depuis la base militaire américaine et d'en étaler le contenu dans notre cour pour le trier et vendre ce qui était réutilisable. L'odeur des ordures flottait dans tout le bâtiment et les mouches pullulaient dans notre appartement. Ma sœur avait tellement honte qu'elle n'osait pas ramener ses amis à la maison. Personnellement, je n'y prêtais pas attention, et j'ai même invité chez nous les filles avec qui j'étudiais. C'est dire à quel point les notions d'argent, ou même de pauvreté, me préoccupaient peu. Voilà probablement pourquoi j'ai eu le culot de demander ma femme en mariage à l'époque. J'étais endetté jusqu'au cou, mais je pensais de manière tout à fait irréfléchie que je m'en sortirais d'une manière ou d'une autre.

Pendant nos premières années de mariage, ma femme et moi avons loué une petite chambre dans la maison du directeur d'une agence bancaire de Yongdu-dong, et c'est là qu'est né notre premier enfant. Lorsque mon fils a commencé à se déplacer seul, il s'est mis à jouer dehors. Un jour, il a tracé une ligne à travers le jardin et m'a dit que personne ne devait la franchir. Quand je lui ai demandé pourquoi, il m'a répondu que l'autre côté appartenait au propriétaire de la maison. Se préoccuper de notions de propriété à un si jeune âge ! J'en ai eu mal pour lui. Ce jour-là, je me suis senti un très mauvais père.

Pourtant, de façon surprenante, je n'ai jamais pensé à gagner davantage d'argent pour offrir à mon fils une plus belle maison. Au lieu de cela, j'ai réfléchi à des moyens d'améliorer notre situation à partir de ce dont nous disposions déjà. Je ne pouvais pas me permettre de lui offrir des jouets sophistiqués ou une poussette coûteuse. Alors, j'ai eu une idée : j'ai recouvert les murs et le sol de notre chambre de feuilles de papier et, sur cette toile blanche improvisée, j'ai dessiné une maison, des montagnes, un vélo, moi, ma femme et les personnes que mon fils rencontrait régulièrement, avec le prénom de chacun. Ensuite, j'ai verni le dessin pour qu'il ne s'abîme pas. Pendant que ma femme et moi étions au travail, mon fils jouait avec sa baby-sitter, lisant les noms sur les dessins set, quand nous rentrions, il nous récitait tous les mots qu'il avait appris pendant la journée.

Avec le recul, certes, je constate que nous traversions alors une période de pauvreté durant laquelle j'ignorais ce que l'avenir nous réservait. Mais, malgré les maigres moyens dont je disposais, je me montrais aussi plus créatif. L'univers des jouets que j'ai découvert en tant que grand-père ne ressemble à rien de ce que j'avais imaginé. Ma petite-fille dispose de tout un ensemble de petits ustensiles de cuisine pour s'amuser à la maison et, en dehors de sa taille, la voiture avec laquelle joue mon petit-fils était en tout point semblable à une vraie. Mais ces jouets élaborés me semblent fournir un cadre trop rigide pour les loisirs des enfants. Suis-je le seul à me demander parfois si, peut-être, les jeux à l'ancienne, avec un bac à sable et quelques plantes, seraient plus favorables à la créativité des enfants ?

L'argent peut être une solution facile à de nombreux problèmes, c'est vrai, mais il entrave aussi la liberté de bien des manières. L'une de mes connaissances, autrefois riche, a fait faillite et tout perdu pendant la crise financière de la Corée du Sud. Beaucoup de nos amis communs ont essayé de l'aider en lui proposant des entretiens d'embauche, mais il a toujours refusé, opposant la même réponse : il ne pouvait pas occuper ce genre d'emplois. Il entendait par là que lui, un ancien propriétaire d'entreprise employant autrefois cent personnes, refusait de travailler « en dessous de sa condition ». Je me suis demandé si l'expérience de l'opulence n'avait pas fini par limiter sa perspective sur la vie, à tel point qu'il était entièrement fermé à un monde auquel il n'était pas habitué.

L'argent est important, nous sommes tous d'accord là-dessus. Et plus notre espérance de vie augmente, plus cela devient vrai. Une existence basée sur la dépendance financière est terrible, aussi devons-nous tous apprendre à gagner notre vie nous-mêmes. En outre, notre dignité et notre estime de soi sont intimement liées à notre indépendance financière. Il est donc naturel de mettre en place un plan fiable pour préparer sa retraite. Tout le monde ne finira pas millionnaire, mais il est responsable de planifier ses finances futures bien avant d'atteindre un âge avancé.

Cependant, aussi crucial que soit l'argent, nous avons tendance à trop nous en préoccuper. Beaucoup d'individus, quel que soit le montant de leur épargne, vivent avec la crainte lancinante que quelque chose pourrait mal tourner et qu'ils n'en auront jamais assez. D'une certaine façon, ils ont une soif constante d'argent. Cet état psychologique est tellement répandu de nos jours que le psychologue britannique Roger Henderson l'a même appelé le syndrome de la maladie de l'argent (MSS). Ce terme fait référence à une inquiétude obsessionnelle de l'argent même lorsqu'on est financièrement en sécurité.

Alors, de quoi avons-nous peur ? En général, la cause profonde de toutes nos craintes est la même : l'ignorance. Comme nous n'appréhendons pas pleinement ce qui nous attend avec l'âge, nous avons peur de vieillir et, comme nous ne savons pas ce qui vient après la mort, nous avons peur de la mort. De même, nous sommes obsédés par les questions financières parce que nous ignorons de combien d'argent nous aurons réellement besoin à l'avenir (ou pour les mauvais jours). Certains affirment qu'un plan de retraite solide nécessite un milliard de wons coréens, d'autres deux milliards de wons[8], mais ce ne sont que des estimations très subjectives. Si vous voulez jouer au golf, partir en voyage et mener un style de vie luxueux, même deux milliards pourraient ne pas suffire. Mais avez-vous vraiment besoin de tout cela ? À quoi allez-vous employer votre argent ? De quelle somme exacte avez-vous réellement besoin ? Vous pouvez toujours renoncer au

---

8 Soit respectivement 765 000 € et 1 530 000 € en 2019, date de la parution de cet ouvrage en Corée du Sud.

golf, et vous n'êtes pas obligé de faire le tour du monde. Lorsque vous réfléchissez pour vous-même, et non par rapport aux autres, vous apprenez à trouver des réponses pragmatiques et détaillées à toutes ces questions que l'argent vous pose. Vous pouvez même surmonter vos inquiétudes et vos peurs à ce sujet. C'est en vous-mêmes que vous découvrirez le courage de vous contenter de peu.

À un âge avancé, on doit bien sûr pouvoir compter sur ses économies, mais il faut aussi apprendre à tenir sa propre comptabilité. L'argent est toujours un moyen, jamais une fin. Dites-vous bien que c'est nous qui contrôlons et utilisons l'argent, non l'inverse. Certes, vous pouvez amasser tout l'argent possible tant que vous en êtes capables, mais n'oubliez pas que c'est vous qui le manipulez, et qu'il doit travailler pour vous, et non l'inverse.

Je vous recommande de cultiver une grande vertu : le courage de vivre avec peu – si nécessaire. Jusqu'à son dernier jour, ma mère a été très économe. Elle préparait des plats avec des herbes de montagne de saison et ravaudait elle-même les vieux vêtements au lieu de les jeter. Elle se jouait des problèmes d'argent, et elle a trouvé le sens de sa vie dans les temples bouddhistes. Riche ou pauvre, elle a vécu une vie heureuse. Jamais je n'ai vu personne entretenir une relation plus saine avec l'argent. Celui-ci existe pour notre liberté, mais nous ne devons pas compromettre celle-ci pour l'amour de l'argent. N'ayez pas peur de vivre simplement, ou plus simplement. Apprendre à profiter d'une vie simple peut être libérateur quand on atteint un âge avancé.

J'aspire moi-même à une vie simple, c'est certain. L'une de mes plus anciennes résolutions est de faire de ma chambre une cellule monastique, autrement dit, de mener une existence minimaliste. Je rêve de la simplicité du strict minimum et de l'essentiel absolu, et je veux investir tout le reste dans des tâches que je juge véritablement significatives et captivantes. À l'instar du psychologue allemand Erich Fromm, j'aspire à une « vie de l'existence, pas de la possession ».

En réalité, ma chambre est remplie de toutes sortes de babioles. Les livres couvrent les murs jusqu'au plafond et le sol est souvent jonché de feuilles de papier. Je fais de mon mieux pour ranger derrière moi, mais c'est comme ça. Que faire ? J'aimerais que moins de choses matérielles encombrent ma chambre, et mener une vie beaucoup plus simple. Mais le seul moyen est de ranger plus souvent et de pratiquer constamment le lâcher-prise, aussi pénible que cela puisse être. Si je n'apprends pas à m'en occuper dès maintenant, mes enfants auront encore plus de mal à se séparer de mes affaires une fois que je serai parti, ne croyez-vous pas ? Pour le bien des jours qui me restent à vivre, pour le bien de mes enfants après mon départ, mieux vaut que je me débarrasse des objets qui ne suscitent plus en moi une étincelle de joie.

Quand on est âgé, la simplicité est notre meilleure alliée. C'est tout aussi vrai pour nos choix financiers et notre mode de vie que pour nos émotions et notre univers intérieur. En vieillissant, on peut se retrouver émotionnellement perturbé, et beaucoup de choses nous tournent dans la tête. Même quand on ne souffre d'aucune maladie, la vieillesse peut ralentir la pensée et entraver les capacités cognitives. Plus grave encore, des problèmes de mémoire peuvent donner le sentiment de tout oublier. Si vous avez déjà vécu cela vous-même, ou si vous avez vu quelqu'un peiner à s'exprimer de manière cohérente ou perdre le fil d'une conversation, sachez qu'il s'agit de symptômes d'une altération des capacités de réflexion.

Il en va de même avec les émotions. Comme les sentiments forts entraînent des réactions physiques et viscérales, toute émotion violente à un âge avancé peut provoquer des problèmes de santé, voire mettre notre vie en danger.

Je vais vous raconter une histoire édifiante concernant un collègue décédé dans la nuit qui a suivi les obsèques de son meilleur ami : contrairement aux autres invités, il ne pouvait s'arrêter de pleurer devant le portrait funéraire du défunt. Tout le monde a tenté de le calmer, mais il ne parvenait pas à se maîtriser. Peu après son retour chez lui, il est mort subitement. Certes, il souffrait de quelques problèmes de santé, mais aucun d'entre eux n'était grave. C'est son chagrin accablant qui a été la cause de sa mort.

Une joie extrême peut également mettre les personnes âgées en danger. En 2009, lors de mon voyage annuel au Népal, j'ai été submergé par l'allégresse. Cette année-là, l'étudiant qui m'avait accompagné lors de ma toute première visite dans cette région s'était joint à moi, cette fois en tant que professeur accompagné d'un groupe de ses propres étudiants. J'étais exalté par la pensée que la petite graine de solidarité que j'avais plantée deux décennies plus tôt portait enfin ses fruits, et j'avais envie de crier mon bonheur du haut des toits, pour que tout le monde m'entende. Ce n'était pas une simple joie : je ressentais quelque chose de l'ordre de l'extase. Ce sentiment extrême qui m'envahissait a fait exploser ma tension artérielle. J'ai pris tous les médicaments que j'ai pu trouver pour la faire baisser et j'ai essayé de me détendre mais, pendant toute la semaine que j'ai passée à la frontière népalaise, ma tension n'a cessé de grimper, et elle ne s'est stabilisée qu'à mon retour à Katmandou.

Avec l'âge, vous devez surveiller de près et maîtriser ce que nous appelons le *he-noh-ae-rak* (희노애락), les quatre émotions essentielles : la joie, la colère, la tristesse et le plaisir. Quand on vieillit, nos organes sensoriels s'émoussent et, certes, il y a un côté positif à cette insensibilité relative, car elle peut nous protéger des émotions extrêmes. Malgré tout, il faut apprendre à maîtriser ses émotions. Je ne veux pas dire par-là que vous devez réprimer ou ignorer les sentiments existants – ce genre de contrôle ne ferait que provoquer, plus tard, l'explosion des sentiments refoulés. Un bon exemple de ceci est le *hwa-byeong* (화병 : maladie de la colère refoulée), une psychopathologie observée chez de nombreuses personnes âgées d'Asie qui ont été contraintes de réprimer leur colère pendant longtemps. J'entends par là que vous devez vous abstenir des schémas comportementaux que j'ai mentionnés : trop interpréter les choses ou les exagérer. Au contraire, apprenez à les prendre comme elles viennent, tout simplement, afin que votre muscle émotionnel, tout comme votre muscle cardiaque, puisse se renforcer avec la pratique.

Plus on vieillit, plus on est enclin à s'enraciner dans ses habitudes, et plus on réagit rapidement aux stimuli de ces habitudes, ce qui peut compliquer le renforcement musculaire que je viens d'évoquer. Pour moi, l'exercice le plus simple est d'essayer de reconnaître ses sentiments pour ce qu'ils sont avant qu'ils ne s'accumulent. Autrement dit, quand vous êtes en colère, exprimez cette émotion verbalement en disant « Je suis en colère » et lorsque vous vous sentez contrarié, dites « Je suis contrarié ». Si les sentiments refoulés explosent, c'est principalement parce que vous ne les avez pas évacués au moment opportun. Vous accumulez de petites rancœurs qui finiront par se déchaîner tôt ou tard. Vous pourriez même exiger, lors de ces explosions, que les autres vous manifestent une certaine compassion. Mais comment pourraient-ils comprendre quelque chose que vous n'avez jamais verbalisé ? Une relation saine commence par la création d'un espace sûr permettant à chacun de partager ce qu'il ressent et comment il le ressent. Alors, soyez généreux avec l'expression verbale de vos sentiments. C'est la première étape pour renforcer vos muscles émotionnels.

La suivante consiste à mettre le mot juste sur vos émotions. Chaque fois que vous bouillonnez de colère, il ne s'agit pas simplement d'une colère pure. Sous la surface, il peut y avoir de la tristesse et de l'auto-apitoiement car vous vous sentez lésé d'une manière ou d'une autre. Si vous développez le vocabulaire de vos émotions, vous éviterez de vous fixer sur un élément dominant dans le mélange complexe de vos sentiments et de l'amplifier de manière erronée. De plus, le processus d'articulation de ces émotions peut être cathartique en lui-même.

J'ai eu autrefois une patiente âgée qui consultait pour des problèmes matrimoniaux. Elle ressentait souvent une oppression dans la poitrine et une rage qui remontait dans sa gorge, des symptômes de *hwa-byeong* (火病) issus d'années de conflits émotionnels non résolus avec son mari. Elle déplorait ses quarante années de mariage avec un homme égoïste qui lui avait fait subir des épreuves inimaginables. Je reconnais qu'il aurait vraiment fallu une patience surhumaine pour le supporter aussi longtemps. Je lui ai demandé si elle avait déjà dit à son mari « Je ne peux pas continuer comme ça » ou « Les choses doivent changer ». Elle a répondu qu'elle n'avait même jamais essayé. Toute sa vie, elle avait simplement gardé le silence, ravalant ses plaintes. Je lui ai proposé d'amener son mari, un jour. Mais elle ne l'a jamais fait, et elle n'a jamais tenté non plus d'avoir une conversation franche avec lui. Elle espaçait de plus en plus ses consultations et, bientôt, elle n'est plus venue du tout. Je me sentais abattu : en réprimant des sentiments forts, on ne sait jamais comment ils vont exploser un jour. Qu'elle soit victime de cette explosion ou non, cette patiente éprouvera quand même ces sentiments non résolus sur son lit de mort. Ne pas être libéré du fardeau émotionnel lors de son dernier souffle, quel fardeau, et quel dommage !

À un âge avancé, on éprouve souvent le besoin de mettre de l'ordre dans sa vie, d'oublier les vieilles rancœurs et de se réconcilier avec les personnes avec lesquelles on n'est pas en bons termes. Peu importe la façon dont ce vœu est formulé : il s'agit simplement de pouvoir quitter ce monde le cœur léger. Si vous voulez ressentir cette liberté quand viendra votre dernier jour sur terre, vous devez commencer à tracer un chemin vers cette destination dès que possible. Tout comme on se débarrasse de tout ce qui encombre notre maison pour qu'elle soit agréable et rangée, vous devez alléger votre cœur pour atteindre un état de simplicité émotionnelle. La meilleure façon d'y parvenir est d'apprendre à accepter et exprimer vos sentiments. Si vous devenez un expert dans la compréhension et la communication de vos émotions, vous serez sur la bonne voie, chers lecteurs. Si vous aspirez au bonheur de la simplicité, n'oubliez pas ces deux secrets.

CHAPITRE 7

Persévérance

En 2011, en faisant le ménage dans mon répertoire téléphonique, je suis tombé sur le numéro d'un de mes cousins. Je l'ai appelé et il a répondu tout de suite d'une voix pleine d'entrain. Quand je lui ai demandé comment il allait, il a lancé : « Cousin, je suis dans une maison de retraite ! »

« Ah, tu fais du bénévolat ? »

Ancien professeur de littérature coréenne, il avait été un bénévole assidu après sa retraite, au point d'être plusieurs fois mentionné dans les journaux locaux de Gangneung, et j'ai naturellement pensé qu'il s'était remis à cette activité. Mon cousin m'a alors expliqué : « Non, je veux dire que j'habite en maison de retraite, désormais. Je suppose que c'est une façon de faire du bénévolat pour moi-même. »

« Oh, ce doit être difficile pour ta femme ! »

« Elle est ici aussi. J'ai la maladie de Parkinson et, avec ses articulations abîmées, ma femme a du mal à marcher, alors voilà où nous en sommes ! »

« Une vraie lune de miel, en quelque sorte ! »

J'ai été attristé d'apprendre qu'ils étaient malades, mais j'ai aussi ressenti du soulagement à l'idée qu'au moins, ils étaient ensemble. Pour des conjoints, l'idéal serait de passer toute sa vie en bonne santé avant de décéder exactement le même jour, mais ce n'est pas vraiment en notre pouvoir, n'est-ce pas ? Quand on est âgé, en plus de devoir affronter ses propres maladies, on doit souvent faire face au chagrin après le décès de son conjoint. Je dirais donc qu'il est bon, psychologiquement, de garder celui-ci à ses côtés, quel que soit notre état de santé.

« Professeur Rhee, ma femme est décédée aujourd'hui. »

Un jour, j'ai reçu ce message inattendu d'un de mes anciens professeurs. J'en suis resté sans voix. La nouvelle n'avait pourtant rien de si surprenant car le professeur et sa femme approchaient tous deux des quatre-vingt-dix ans. Cependant, je ne m'attendais pas à ce qu'elle parte avant lui, car elle était en bien meilleure forme que son mari qui était affligé depuis longtemps de nombreux problèmes de santé. Comment allait-il se débrouiller sans son épouse qui avait été son meilleur soutien et son infirmière la plus dévouée ? Je n'étais pas le seul à m'inquiéter pour lui : beaucoup de nos connaissances communes ressentaient la même chose.

Lors des funérailles, le professeur semblait s'être rabougri d'un coup. Bien sûr, ayant perdu sa compagne de vie, il devait avoir l'impression qu'on lui avait arraché la moitié du corps. Quand il m'a vu, il a éclaté en sanglots et m'a confié qu'il était dévasté et ne savait même pas s'il devait juste suivre sa femme ou continuer à s'accrocher à la vie. J'avais peine à imaginer la profondeur de sa souffrance. Après un long silence, je lui ai finalement répondu :

« Confucius dit que la vie humaine est l'affaire du ciel. Aucun de nous n'a choisi de naître, et aucun de nous n'a décidé que la mort serait notre destin à tous. Mais nous n'avons pas le pouvoir de changer cela, et nous n'avons pas voix au chapitre dans ce destin humain. Je souhaite que vous chérissiez la vie jusqu'au jour où le ciel vous appellera. »

Quelques jours plus tard, il m'a envoyé ce message : « Professeur Rhee, j'ai décidé de m'accrocher, au moins jusqu'à mes quatre-vingt-dix ans. »

À l'époque, âgé de quatre-vingt-huit ans, il affirmait donc qu'il voulait vivre deux années de plus. Mais je ne pense pas qu'il entendait par là vouloir passer exactement deux années de plus sur terre. Je crois qu'il voulait me communiquer sa détermination à persévérer jusqu'au bout en dépit de son chagrin et, probablement, manifester un peu sa vulnérabilité humaine, son courage vacillant face au deuil. Je lui ai dit que je croyais en lui et qu'il serait capable d'affronter ce qui l'attendait. J'espérais sincèrement pouvoir le réconforter.

La persévérance. Le dictionnaire définit ce mot comme la « persistance à agir malgré les difficultés ou le retard dans la réalisation du succès ». Dans un combat de lutte, il existe une position appelée « par terre »[9] : lors d'une pénalité, le lutteur doit s'accroupir sur le sol et affronter les attaques par derrière. S'il parvient à tenir assez longtemps, la pénalité est levée et le lutteur est autorisé à se relever et à reprendre le combat. À vrai dire, la persévérance est le plus souvent une vertu exigée de ceux qui sont déjà à terre, car elle exige de faire face à une situation hors de notre contrôle en trouvant pourtant un moyen de continuer.

---

9 En français dans le texte.

L'existence étant faite de hauts et de bas, il y aura des moments où vous sentirez que votre vie avance en douceur, comme une décapotable toute neuve sur une autoroute, et d'autres où vous rencontrerez obstacle après obstacle, comme un tracteur se frayant un chemin le long d'une route de campagne boueuse. Il y aura des moments où vous vous sentirez invincible, et des moments où vous vous retrouverez au fond du trou et ne songerez qu'à baisser les bras. Toute vie comporte sa part de revers mais, après chaque mauvaise passe, vous serez récompensé par des années meilleures. Ainsi, la persévérance est l'une des vertus les plus importantes pour nous, les humains. Comment affronter à une tempête sinon en cherchant refuge dans le confort de notre foyer pour attendre l'embellie ? C'est la même chose pour la vie : il faut faire profil bas lorsque les choses se compliquent et attendre qu'elles s'améliorent.

Dans le grand schéma de l'univers, les humains n'ont d'autre choix, à certains moments, que de persévérer. En vérité, chacun de nous est faible, pas fort ; nous sommes des perdants, pas des gagnants, parce qu'aucun d'entre nous n'échappera à l'inévitable – la mort. Un jour, nous serons tous affaiblis physiquement et mentalement, et nous devrons abandonner toutes nos possessions terrestres. Tous, sans exception, nous subirons ce destin, même ceux d'entre nous qui parviennent à obtenir les plus hautes estimes, à accumuler les plus grandes richesses, ou à mettre leur nom sur les accomplissements les plus extraordinaires. Ainsi, certaines personnes deviennent des nihilistes cyniques et invétérés. « Pourquoi se donner du mal alors que ça ne sert à rien ? » se demandent-ils.

Ces personnes commettent l'erreur de considérer la persévérance comme une attitude passive envers la vie. Certes, la vie peut apparaître comme une étendue sans fin qui exige une ténacité épuisante, elle est parsemée d'embûches sur lesquelles nous n'avons aucun contrôle. Nous sommes à la fois tirés et poussés par le destin. Cette forme d'impuissance, bien sûr, nous exaspère, et à juste titre : il est dans notre nature humaine de vouloir prendre nos propres décisions et, quand on est obligé d'admettre que la vie est une forme d'obéissance passive au destin, comment ne pas se sentir frustré et excédé ?

Certains affirment que nous sommes libres de créer notre vie, mais de nombreux facteurs décisifs présents dès le départ, tels que la nationalité, le genre et la famille, ont tendance à déterminer les grandes orientations de notre vie. Ainsi, dans une large mesure, l'existence est une fatalité et, une fois nés, nous sommes obligés de nous y soumettre. Personne ne peut y échapper.

Cependant, même si nous ne pouvons pas changer notre destin lui-même, nous avons la possibilité de choisir comment le gérer. C'est une façon de tenir la barre de notre propre vie. L'implication active exige d'accepter notre destin. Même s'il est imparable, une fois qu'on a accepté le fait qu'il est nôtre, on apprend à aimer sa vie et à trouver le bonheur dans les limites qu'il nous a fixées. Si nous sommes toujours profondément émus par des récits de victoires humaines qu'on croyait impossibles, ce n'est pas parce que les auteurs de ces triomphes ont réussi à changer radicalement leur destin, mais en raison de la manière dont ils ont géré ce que la vie leur a présenté. L'existence la plus inspirante, alors, est peut-être celle d'une prise de conscience douloureuse de soi alliée à une persévérance inébranlable face à notre réalité. Tout comme mon ancien professeur qui a décidé d'affronter la vie malgré l'approche de ses quatre-vingt-dix ans.

Il est si facile d'en vouloir au destin, surtout lorsque les choses ne vont pas dans votre sens, n'est-ce pas ? Mais vous savez quoi ?

Allez-y, mettez tout sur le dos du destin ! Vous avez fait de votre mieux, alors soyez indulgent avec vous-même. Je comprends. Mais, ensuite, une fois que vous vous serez ressaisi, gardez le moral et repartez de plus belle. C'est aussi notre destin de jouer à ce jeu ingagnable, peu importe le nombre de nos défaites. Nous devons tous apprendre, chers lecteurs, à apprivoiser cette vilaine chose appelée destin. Nous sommes nés, et nous ne l'avons pas demandé, mais nous sommes nés et vivants quand même. Et c'est votre vie, pas celle de quelqu'un d'autre, alors pourquoi ne pas vous donner à fond, juste pour la beauté du geste ? Sans cela, les regrets viendront vous hanter jusque sur votre lit de mort. À la fin d'une journée vécue pleinement vous attend un doux repos nocturne et, chers lecteurs, à la fin d'une vie vécue pleinement, une mort paisible vous attend. Ceux qui ont vécu leur vie pleinement (진인사 / 盡人事) verront le ciel répondre enfin à leur attente (대천명 / 待天命[10]). Telle est la vérité des célèbres paroles de Confucius.

---

10 진인사 : Je fais ce que j'ai à faire en tant qu'être humain ; 대천명 : puis j'attends un ordre du ciel.

CHAPITRE 8

Le pouvoir du bonheur ordinaire

L'un de mes amis est doté d'une mémoire exceptionnelle. Grâce à celle-ci, quand nous commençons à discuter, tous les souvenirs que j'ai rangés dans un coin de mon cerveau me reviennent d'un coup, aussi vifs qu'au premier jour : les situations hilarantes dans lesquelles nous nous sommes retrouvés après avoir trop bu ; la fois où j'ai endossé les erreurs d'un ami à sa place ; la rencontre fortuite avec un poète que nous admirions dans un café où nous avons spontanément organisé une sorte de conférence informelle – la liste est longue. Pendant nos conversations, je me surprends toujours à envier mon ami d'avoir un tel trésor dans la tête. Après tout, plus on a de souvenirs chaleureux, mieux on est équipé pour affronter les jours potentiellement solitaires et difficiles de la vieillesse.

À mon bureau, je me surprends souvent à me remémorer le passé en buvant mon thé. Ce n'est pas que mon esprit s'attarde sur des souvenirs spécifiques comme des voyages fabuleux, des accomplissements ou de grands honneurs : la plupart du temps, je me surprends à penser à des choses tout à fait ordinaires, comme les bons moments passés avec mes enfants, les conversations plaisantes avec mes patients ou le sentiment de paix que je ressens en randonnée. Et ces souvenirs banals, avant même que je m'en rende compte, m'accrochent un grand sourire aux lèvres. Mon cœur réchauffé déborde d'une joie profonde qui me donne la force d'affronter un autre jour avec détermination.

L'un de mes souvenirs les plus heureux à ce jour reste l'année où ma femme était à l'étranger, en congé sabbatique dans le cadre d'un programme d'échange international pour les professeurs, et où j'ai pu passer davantage de temps avec mes enfants. Heureusement, une personne s'occupait de la maison, et une amie de ma femme avait accepté de déposer et de récupérer mes enfants à l'école afin que je puisse aller travailler à l'hôpital en toute sérénité. Le week-end, cependant, je ne savais pas du tout comment occuper mes quatre rejetons, tous en primaire. À l'époque, l'un des plus grands journaux de Corée du Sud, le *Hankook Ilbo*, organisait un événement hebdomadaire, le marathon de la Tortue, et je nous y ai inscrits. Pendant un an, j'ai alors passé chaque dimanche à « courir » aux côtés de mes enfants.

Le parcours du marathon commençait et s'achevait devant le Théâtre national de Corée à Jangchung-dong, avec le Pavillon octogonal de Namsan comme point médian. Et, comme son nom l'indique, le marathon de la Tortue, au lieu de pousser les candidats à sprinter ou à se battre pour la première place, célébrait le plaisir de trottiner ou de marcher chacun à son rythme. Ainsi, avec ma famille, nous options pour une longue promenade ludique et paisible, en harmonie les uns avec les autres. À ce jour, je n'ai rien vu de plus beau dans ma vie que mes enfants ces dimanches-là, luisants de sueur sous le chaud soleil et montant les escaliers du pavillon à grand bruit.

Après une courte pause, nous retournions au théâtre pour le tirage au sort des prix. Nous nous asseyions ensemble sur l'escalier et patientions jusqu'à ce que le dernier nom soit appelé. Pendant toute l'année, nous avons attendu que l'un de nos noms soit annoncé, en vain. Mais l'anticipation elle-même était une petite joie supplémentaire. Ensuite, nous allions manger dans un restaurant de naengmyeon[11] à Ojang-dong avant de rentrer chez nous.

Ces moments ordinaires passés avec mes enfants figurent parmi les souvenirs les plus heureux de ma vie. Aujourd'hui encore, quand je passe devant le pavillon, quand je croise de jeunes parents se promenant main dans la main avec leurs enfants ou quand je vois mes propres enfants jouer avec mes petits-enfants, je repense à ce marathon. Et, chaque fois, je fais le vœu silencieux qu'ils chérissent ces moments et en connaissent encore plus dans les années à venir. Après tout, ces événements ordinaires sont les principaux ingrédients d'une vie heureuse.

À présent que j'ai atteint cette étape de ma vie, lorsque mes amis et moi nous retrouvons, nous passons à peu près quatre-vingts pour cent de notre temps à parler du passé. Il est intéressant de constater que mes amis, tout comme moi, évoquent avec tant de tendresse leurs souvenirs les plus ordinaires et la banalité du quotidien. C'est troublant. Dans ma jeunesse, j'étais motivé par la quête du bonheur et de la sécurité, qui me semblaient tellement inaccessibles, mais, à mesure que je me rapproche du crépuscule de ma vie, je vois que le bonheur a toujours été à portée de main et que je pouvais m'en saisir quand je le voulais. Mais qu'y faire, désormais ? Le bonheur en soi est un luxe rare qu'on ne peut savourer que de temps en temps dans le train-train du quotidien.

---

11 Soupe de nouilles froide originaire de Hamhung, dans le nord-est de la Corée du Nord.

Je ne dis pas que le bonheur ordinaire devrait être l'objectif de votre vie, car il vient à vous naturellement lorsque vous vivez pleinement votre existence.

Ce que j'affirme, en revanche, c'est que vous devez être attentifs aux bulles de bonheur cachées dans votre vie quotidienne. Demain, vous devrez probablement subir un embouteillage, faire des heures supplémentaires, gérer un désaccord avec votre supérieur, vous occuper de vos enfants malgré la fatigue, et vous vous endormirez un smartphone à la main, une fois de plus. La routine est inévitable. Alors, pourquoi ne pas voir le bon côté des choses et chercher les petites joies dans le quotidien ? Vous pourriez trouver du plaisir à observer vos compagnons de voyage, rendre votre matinée plus agréable en partageant une tasse de café avec votre collègue, ou transformer la cuisine et la vaisselle en jeu avec vos enfants. Si vous ne pouvez pas éviter certaines choses, au moins, ne les laissez pas gâcher votre humeur. C'est essentiel pour conserver une perspective positive et créer autant de souvenirs précieux que possible.

Certains aiment souligner mon « optimisme » et m'envient même pour cela. Mais qui peut dire qu'une personne est purement optimiste ou pessimiste ? Il y a toujours deux facettes à la perspective que chacun a de la vie. Il est probable, tout simplement, que les gens interprètent comme de l'optimisme la flexibilité avec laquelle j'accepte les choses dans la vie. Mais mon prétendu optimisme, chers lecteurs, ne cache qu'un secret : ma détermination à voir le bon côté des choses et à trouver de la joie en toutes circonstances.

Je me lève chaque matin en me disant qu'aujourd'hui, je vais trouver et conserver un nouveau souvenir agréable à chérir dans le futur quand je ne serai plus en mesure de me déplacer seul. Cette mentalité me permet de découvrir de nombreuses possibilités de bonheur à portée de main.

Je suis heureux de me réveiller pour voir un autre jour et de profiter encore d'une nouvelle matinée dans ma vie. Je suis content de pouvoir regarder une émission à la télévision, car mon ouïe et ma santé sont encore assez bonnes. Je suis heureux de pouvoir accomplir une tâche simple sur mon ordinateur malgré ma cécité partielle. Je suis heureux à l'idée de sortir pour un tour en taxi sur le Skyway.

Ces moments ordinaires mais précieux peuvent devenir un jour le décor glorieux et scintillant de votre vie. Une journée remplie de bons souvenirs pourra un jour vous donner la force de continuer. Alors, chers lecteurs, ne laissez pas passer les bons souvenirs que vous pouvez créer ici et maintenant. Le bonheur se cache dans les recoins les plus inattendus du quotidien.

CHAPITRE 9

La vie est une histoire qui se lit jusqu'au bout

« Tu n'as pas complètement tort, mais… »

C'est ce que me répétait mon beau-père quand j'étais jeune. J'étais un jeune homme aux idées très arrêtées : j'avais une idée claire du bien et du mal, du juste et de l'injuste, et de ce que j'aimais ou n'aimais pas. Alors, je m'indignais face aux injustices et me battais pour les corriger. Je disais toujours ce que je pensais. Aussi inquiet qu'il soit, mon beau-père ne terminait jamais sa phrase. Il devinait sans doute que j'étais trop fougueux et trop jeune pour comprendre le monde en dépit de ses efforts pour me l'expliquer.

Peu à peu, j'ai fini par deviner ce qu'il entendait par cette remarque évasive : il n'y a pas de bien absolu ou de mal absolu dans ce monde où le mal se cache dans le bien et le bien peut émerger du mal. Ce qui commence par de bonnes intentions s'achève souvent sur de mauvais résultats, et ce qui semble néfaste au début peut se révéler être une bénédiction. Chaque médaille a son revers et nous ne découvrons comment se termine l'histoire que lorsqu'elle arrive réellement à son terme.

Ma vie a connu son lot de déboires. Mais s'agissait-il de véritables crises ? Avec le recul, je me rends compte qu'à chaque moment difficile, j'ai trouvé une nouvelle porte qui s'ouvrait. Il se peut que mes tentatives désespérées pour ne pas baisser les bras aient toujours conduit à de nouvelles opportunités. Chaque fois que je pensais être arrivé dans un cul-de-sac, je trouvais toujours une petite déviation pour me mener quelque part. Chers lecteurs, il n'y a pas de véritable impasse dans la vie, hormis la mort. Il est impossible d'avoir une véritable vue d'ensemble d'une vie qui n'est pas encore terminée.

Jeune homme, j'étais un artiste en herbe épris de poésie et d'arts visuels et, bien sûr, je voulais étudier l'art. Cependant, ayant pris soin de mes parents malades, j'ai décidé de devenir médecin. Une fois inscrit en médecine, toutefois, j'ai eu beaucoup de mal à suivre. Je ne parvenais pas à me plonger dans l'anatomie, la physiologie ou la pathologie ; tout cela faisait beaucoup pour un amateur de littérature comme moi. Et toute l'énergie que je refoulais à la maison, avec ma mère surprotectrice, m'a amené à un point d'ébullition quand je me suis retrouvé à la fac. Ma frustration longtemps réprimée et mon esprit rebelle étant à leur apogée, il m'était absolument impossible de rester assis et d'étudier. J'ai libéré toute cette énergie refoulée en dirigeant un club de randonnée. Je suis allé marcher sur le mont Jiri pendant des jours, je me suis enfermé dans une forge pour fabriquer des crampons en suivant les instructions trouvées dans un livre, et je me suis même retrouvé coincé sur un sommet enneigé pendant trois jours. Mais l'un de ces exutoires, la randonnée, est ensuite devenu une passion. Alors que je suais sang et eau à l'école de médecine, j'ai trouvé les compagnons spirituels de ma vie : les montagnes.

Comme je l'ai mentionné précédemment, pendant mon internat de médecine, j'ai été arrêté pour mon rôle dans la Révolution d'avril et me suis retrouvé derrière les barreaux. Quand cela s'est produit, j'ai eu le sentiment que le ciel me tombait sur la tête. Pourquoi me punir pour quelque chose qui s'était produit des années auparavant, alors que j'étais étudiant en médecine ? J'étais jeune marié et espérais ouvrir mon propre cabinet une fois devenu médecin spécialisé mais, du jour au lendemain, cette sentence est venue anéantir ma vie. Une fois libéré, j'étais complètement perdu. Avec mon casier judiciaire, je ne pouvais pas postuler pour étudier à l'étranger et personne ne voulait m'embaucher. Après de nombreuses nuits blanches, j'ai écrit au directeur d'un asile psychiatrique d'État méprisé par la plupart des médecins coréens, dans l'espoir qu'un poste au moins soit disponible. C'était le cas et, heureusement, j'ai décroché cet emploi.

C'était mon dernier recours, la seule porte que je pouvais ouvrir à ce moment précis. Mais, pendant mon séjour là-bas, j'ai évolué, en tant que praticien, d'une manière qui n'aurait pu se faire ailleurs. J'ai participé à de nombreux projets de niveau national, j'ai tissé des liens avec des médecins éminents de tout le pays et, par-dessus tout, j'ai acquis beaucoup d'expérience. Si j'avais travaillé dans un hôpital universitaire, j'aurais eu une poignée de mentors et n'aurais rencontré que des patients souffrant d'un petit nombre de pathologies connues. Comme je travaillais dans une institution stigmatisée, j'ai, ironiquement, pu rencontrer les médecins et patients les plus divers, et accumulé une expérience extrêmement enrichissante. J'irais jusqu'à dire que mon casier judiciaire, en définitive, a été un mal pour un bien dans ma carrière de praticien médical.

Une fois que les choses se sont tassées, je pensais que la vie avait fini de me jouer des tours. C'est alors qu'un jour, on m'a ordonné de faire mon service militaire. Il s'avère qu'après la réévaluation de la Révolution d'avril, mon casier judiciaire avait été effacé, tout comme celui des autres manifestants incarcérés après coup. Mais, maintenant que j'avais la chance de réaliser mon rêve en médecine, voilà que je recevais une notification exigeant trois ans de service militaire obligatoire dont j'avais jusqu'alors été exempté en raison de mes antécédents judiciaires. Avec l'expérience que j'avais acquise, je pensais enfin à ouvrir ma propre clinique quand, une fois de plus, j'ai dû mettre ma vie en pause pendant trois longues années.

À la fin de mon service, j'étais revenu au point de départ. Je n'avais plus d'économies pour financer la clinique de mes rêves, mais je ne voulais pas non plus retourner travailler à l'asile. J'ai rencontré des médecins plus chevronnés dans mon domaine et leur ai demandé conseil sur la marche à suivre. À l'époque, comme il n'y avait pas beaucoup de psychiatres en Corée, je pouvais rencontrer personnellement la plupart d'entre eux. Lorsque je suis allé me présenter à l'hôpital universitaire Severance de Yonsei, le directeur m'a demandé comment j'envisageais le reste de ma carrière. Pour la première fois, j'ai avoué que je voulais enseigner mais que, comme cela me semblait hors de portée, j'envisageais d'ouvrir ma propre clinique.

J'avais toujours été un enfant studieux. Quand un sujet me préoccupait, j'avais tendance à aller au fond des choses. J'ai alors pris conscience que je serais plus utile et me sentirais plus à l'aise dans le milieu académique, qui offrait du temps et de l'espace pour réfléchir, que dans un grand institut médical où je serais submergé par de multiples tâches exigeant de réagir dans l'urgence. Mais comme j'avais manqué l'occasion de suivre cette voie quand on m'a envoyé en prison, je pensais qu'une chaire de professeur ne figurait tout simplement pas au programme de ma vie.

Pourtant, à ma grande surprise, quelques jours après ma visite, le directeur m'a appelé pour me proposer un poste d'instructeur à temps plein. De nouveau, une porte s'ouvrait de manière inattendue ! J'ai passé les trois années suivantes à enseigner et à étudier sans relâche. L'asile national où j'avais fait mes armes m'avait permis d'acquérir une expérience directe dans mon domaine, et l'hôpital universitaire Severance m'a donné le temps de redécouvrir et de cultiver mon côté académique. Par la suite, j'ai trouvé un poste permanent à l'hôpital universitaire Ewha ou j'ai passé le reste de ma vie en tant que médecin enseignant.

Comme vous le savez désormais, chers lecteurs, ma vie n'a pas été un long fleuve tranquille. Chaque fois que je tentais de me lancer dans un projet, je rencontrais un obstacle ou me faisais rogner les ailes. Parfois, je me lamentais : pourquoi diable tout cela m'arrivait-il, à moi ? Pourtant, si je ne voulais pas abandonner, il fallait que j'agisse, d'une façon ou d'une autre. Et, chaque fois, mon combat pour m'accrocher à une dernière chance me valait finalement une magnifique opportunité – une nouvelle porte, menant à un monde complètement différent que je n'avais jamais envisagé auparavant.

C'est pourquoi il ne faut jamais conclure trop hâtivement que nous connaissons tout de la vie. Ce monde n'est peut-être pas tel qu'il semble, après tout. Ce que vous pensez être la fin, chers lecteurs, n'en est peut-être pas du tout une. Si vous persévérez, vous trouverez très probablement une issue. La vie est une histoire qu'il faut lire jusqu'à la toute dernière page. Personne ne sait jamais ce qu'elle nous réserve.

Même à quatre-vingt-sept ans, je ne pense pas comprendre grand-chose au monde. Ma ville natale était un champ de bataille. Je craignais de mourir à la guerre avant même d'avoir pu vieillir. À l'université, je rêvais de démocratie, mais j'étais pessimiste face aux atrocités du gouvernement. À l'âge mûr, j'en avais assez du matérialisme général, mais je ne pensais pas qu'un autre mode de vie était possible dans mon pays obsédé par la croissance économique. Mais regardez la Corée du Sud aujourd'hui : un pays démocratique prospère où tout le monde a un smartphone en main, communique librement avec le reste du monde, aspire à un bon équilibre entre vie professionnelle et vie privée et rêve de vivre en accord avec soi-même. Il y a quatre-vingt-sept ans, je n'aurais pas imaginé que le monde ressemblerait à cela.

Les taoïstes affirment qu'une révélation n'est qu'un marchepied vers la suivante. Quand on pense tout savoir, on ne voit pas les possibilités qu'on n'a pas encore envisagées et on s'enferme dans son propre petit monde. Ne vous dites jamais que ce que vous savez est tout ce qui constitue la réalité. Si vous continuez à croire en de nouvelles chances quand tout semble fini, vous trouverez une nouvelle porte à ouvrir quelque part dans l'impasse. C'est la seule vérité que je connais de la vie et que je peux partager avec vous, chers lecteurs, avec une confiance absolue, après avoir vécu quatre-vingt-sept ans.